ももクロ
春夏秋冬
ビジネス学

笑顔の連鎖が止まらない
至福の哲学

春

4月、日本のどこかにある
グラウンドが2日間だけ
『非日常』の空間に変わる。
ここがももクロの四季の、
そして、笑顔の起点。

8月、日本全国から
数万人が集う
熱狂のカーニバル。
合言葉は『頭のネジを
外して楽しめ!』。
そのひとことで
老若男女の垣根さえ
なくなる。

ットライフドーム
SOGO
2019

秋

定例のビッグイベントがない、
自由な季節。だからこそ、
彼女たちはあらゆることに
挑戦し、その先にある豊穣を
ファンと一緒に毎年、
笑顔で収穫する。

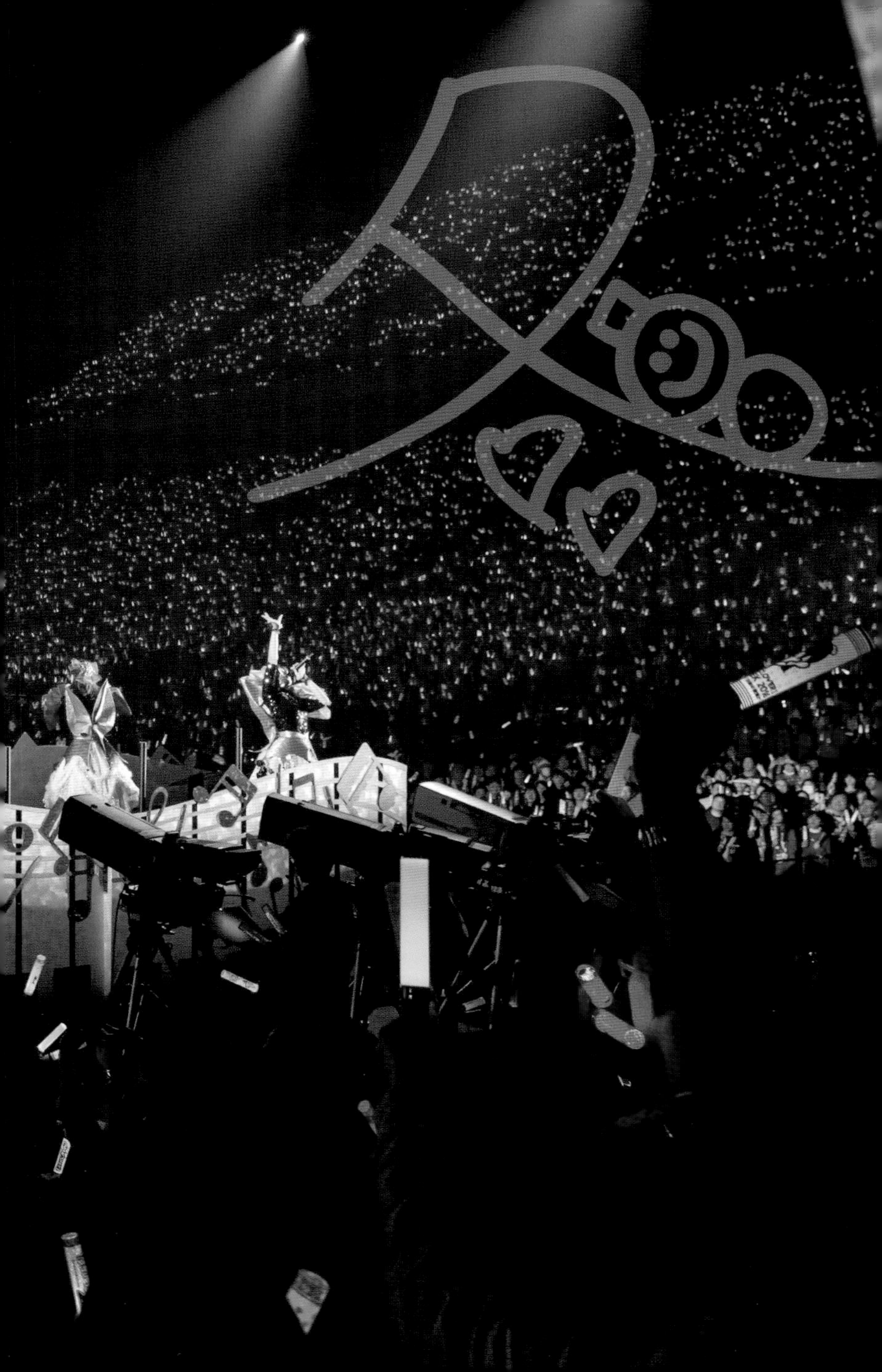

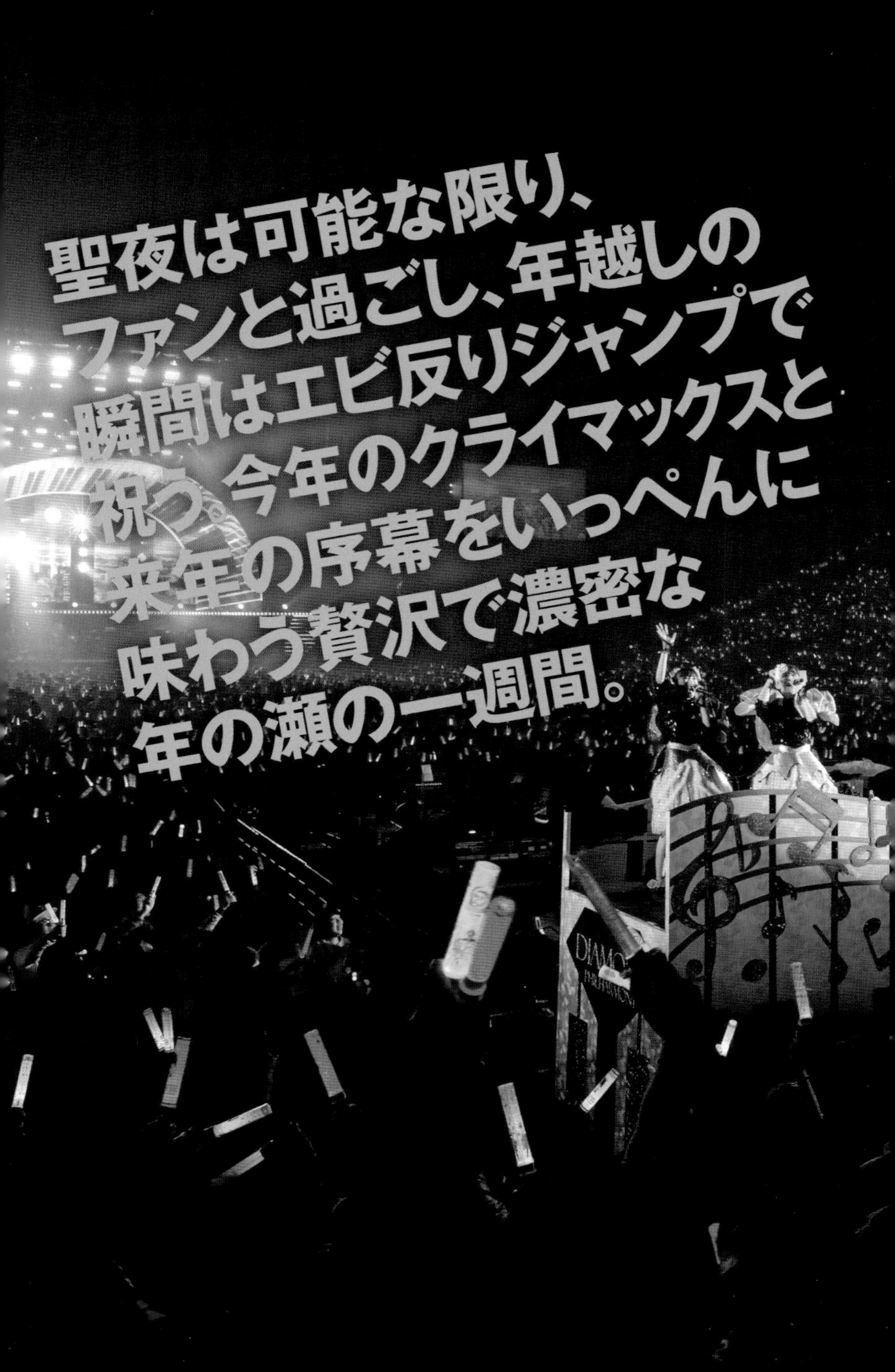

聖夜は可能な限り、
ファンと過ごし、年越しの
瞬間はエビ反りジャンプで
祝う。今年のクライマックスと
来年の序幕をいっぺんに
味わう贅沢で濃密な
年の瀬の一週間。

STAFF

ももクロ春夏秋冬ビジネス学

笑顔の連鎖が止まらない至福の哲学

小島和宏

ももクロの「非常識」は、
もはや令和ビジネスの「新常識」に
なっているのかもしれない

～この本の「はじめに」と、前作の「あれから」

ビジネス本という変則的なアプローチが新たなモノノフ誕生の「入口」となった

２０１８年の暮れに出版した前作『ももクロ非常識ビジネス学』は、おかげさまで発売と同時に大きな反響を呼んだ。

日経新聞に広告を出すなど、「アイドル本」ではなく「ビジネス書」として最初からアピールしてきたこともあり、また、経済誌や経済をメインで取り扱うサイトで紹介されたこともあり、ももクロやアイドルには興味がない、という読者層（主にビジネスマン）が多く手に取ってくださったようで、早い段階で増刷も決まった。

この流れ、面白いな、と思った。

なぜならば「モノノフ」と呼ばれる、ももいろクローバーZのファンの中では、もともとアイドルが好きで、他のアイドルから流れてきたという人たちよりも、これまでの人生でアイドルを応援したことがまったくなく、ももクロではじめて夢中になった、という人たちの割合が非常に大きいからだ。

前作を読んでももクロという存在を深く知った、という人たちは、まさに先輩のモノノフたちと同じ道をたどっていることになる。

なぜ、そういうファンを大量に獲得することができたのかについては、まさに前作でまるまる一冊使って説明しているのだが、まったく異質の「ビジネス」という入り口から、新たにアイドルを好きになる人が出てくる、というのは、ももクロの歴史と見事にリンクしてくるわけで「面白い事象だな」と強く感じた。

ただ、本に書かれていることは、モノノフにとっては「知っていること」が多くなってしまうので、モノノフが読んだときに物足りなさを感じてしまうのではないか、という危惧《きぐ》も少なからずあった。

しかし、先ほども触れたように、モノノフは他のアイドルから流れてきたファンが少なく、ももクロではじめてアイドルを好きになった人が結構なボリュームで存在しているので、「ももクロがやってきたことが、アイドル業界では『非常識』なことだとは知らなかった！」という新鮮な驚きをもって受け止めてもらうことができた。

その一方で「会社の同僚にももクロの魅力を伝えるために渡しました」と、〝布教用〟に活用してくれている読者の声も多くいただいた。

企画を立案した時点から「とにかく外に向かって広がっていく一冊にしたい」という思いが強かったので、こういった反響は素直にうれしかったし、アイドル本としては異色すぎるジャンルにチャレンジして、本当によかったな、と実感した。

これぞ「ももクロ非常識ビジネス」の極み！
八重洲ブックセンター本店で続編出版の公開交渉

反響が広がる中で、経済を取り扱うサイトに寄稿したり、著者インタビューを受ける機会も増えたのだが、そのたびに編集担当からこうボヤかれた。

「小島さん！　その話、初耳なんですけど。どうして、そのエピソードを本に書いてくれなかったんですか？　もったいないじゃないですか!!」

前著では、本の発売のタイミングでちょうどゴールを迎えることになっていた47都道府県ツアーにひっかけて、全47テーマで構成する「アイドル界の常識を覆した47の哲学」をサブタイトルに掲げた。46でも48でもない、というところもいいし、本のボリュームを考えたときにも、それぐらいのテーマ数がほどよかったのだ。

結果、どうしてもこぼれてしまうエピソードも出てきてしまったので、本を宣伝する機会に、それらを紹介してきたのだが、たしかに編集者からしてみれば「いや、それも本に入れるべきでしょう！」となる。

そこでこぼれたエピソードについて、いろいろ話していたら「これ、もう1冊、軽く書けちゃうんじゃないですか？」となった。

たしかにそうかもしれない。

前作のキーワードは「非常識ビジネス学」だったが、僕もどこか感覚が麻痺しているところがあって、「えっ、これは非常識ではないよね？」と候補から外しておいたエピソードが、担当編集（普段はビジネス書の担当でモノノフではない）からしたら、「なにを言ってるんですか？ めちゃくちゃ非常識ですよ！」となったりもして、すぐに20本ぐらいの新ネタ候補がラインナップされた。

さらに本の物販のために、何度かももクロのライブ会場を訪れ、実際にモノノフと接してきた担当編集からは、「モノノフの皆さんの礼儀正しさに驚きました。会場にゴミも落ちていないし、いつもこんなに心地良い空間なんですか？」といったような質問をいくつかもらった。そういう新鮮な目線や意見はやっぱり面白いし、「これはもう続編を書くしかないな」と2019年の正月の時点で決断したのだった。

とはいえ、あくまでもこれは勝手に出している本ではなく、ももクロ側にちゃんと許諾を得た上で作っているオフィシャルブックである。僕たちが勝手に盛り上がって、「さぁ、続編を出そう！」と言ったところで、それだけで決めることはできない。増刷までかかったのだから、ワニブックス的にはおそらくノー問題だろうけど、ももクロ側からNOと言われてしまったら、それ以上、話は進捗《しんちょく》しない。

さて、ここからが考えどころだ。

「常識的なビジネス」であれば、分厚い企画書を立てて、それを持った上でスターダストプロモーションへと出向くのがスジであろう。前作との共通点と違い、新しいコンセプトなどをしっかりとプレゼンした上で、戦略的に広告や発売日などを詰めていくのが普通のやり方だ。

だが「非常識ビジネス学」の続編を出そうという話をするのに、そんな常識的な交渉でいいのだろうか？

ここは徹底的に非常識なやり方で話を進め、その全貌《ぜんぼう》を次回作の「はじめに」で書くぐらいの勢いじゃないとダメなんじゃないか？

こうなったらもう「劇場型」で交渉を進めるしかない。

いま冷静に振り返ると、我々もどこかエディターズ・ハイみたいな状況に陥っていたようだが、増刷記念のトークイベントを東京駅前にある八重洲ブックセンター本店で開催する、という話が浮上したのは、まさにそんなタイミングであった。

個人的には本当に感慨深いイベントだった。

トークイベント的なものは年に何回か参加させてもらっているが、まさか八重洲ブックセンターで開催できる日がやってくるとは想像だにしていなかった。おそらく、単なるアイドル本だったら無理だったと思う。あくまでも「ビジネス書」だからこそ、由緒ある八重洲ブックセンターの敷居をまたぐことができたのだろう。

僕が小学生のとき、八重洲ブックセンターはオープンした。

日本一の書店、ここに来ればない本はない……当時から本が大好きだった僕は、そんなキャッチフレーズにわくわくし、年に何度か茨城から東京に遊びに来ると、必ずここに寄って、1時間以上、滞留《たいりゅう》するのが習慣となっていた。そんな聖地に自分が書いた本のイベントで立っている、というのは、本当に夢のような話だった。

そんなこんなでちょっと浮き立っていたのだが、この日のイベントはももクロのマネージャーである川上アキラとのトークだった。

そこで、司会進行を務める編集担当と口裏を合わせて、「トークのラストで続編のオファーを出して、川上さんがOKを出してくれた瞬間に大音量でBGMをかけて、話をひっくり返されないうちに終わろう」という戦略を練りあげていた。100人以上のお客さんが集まってくれているので、その人たちが証人になってくれるし、SNSで拡散してくれれば、もう既成事実となる。

そんな実にプロレス的なやり方ができるのは、川上アキラが「トークショーに打ち合わせや台本は無用！　行き当たりばったりでやったほうが面白くなる」という考えを持っているから、である。

過去に僕も横浜アリーナや幕張メッセの大観衆の前で、1秒も打ち合わせしないいま、ももクロのメンバーとトークショーをさせられたことがある。1万人の前でトーク、という時点で「非常識」なのに、それをネットで生配信するという、さらなる「非常識」ぶり。おかげで僕も現場力を鍛えられたものだ。

ところが……なんと、この日に限って、なぜかあの川上アキラが、その「非常識流」を完全に封印してきた。

なんとも「非常識」なことに、僕は川上アキラから名刺をもらったことがない。それ自体がネット記事になるほど話題になったが、この日の壇上で、なんと初対面から7年目にしてはじめて名刺をいただく、というシーンが実現。さらに行き当たりばったりどころか、ちゃんと話したいことや引用したい有名人の言葉などを、しっかりとスマホにメモをして登壇する、という用意周到さ。ここまで正攻法で来られると、こちらから「非常識」な公開交渉を切り出すのは非常に難しい。トークイベントの時間を延長したところで、ようやく「続編を出してもいいですかね?」と仕掛けると、川上アキラはあっさりと「いいですね。やりましょう!」と即答してくれた。客席が万雷の拍手に包まれ、無事、この本が出ることとなったのだった。

あえて『非常識ビジネス学2』ではなく『春夏秋冬ビジネス学』にした理由

ここまでの流れを読んでいただければわかるように、別にももクロの運営はなにからなにまで「非常識」にやってきたわけではなく、正攻法で行くときは、とことん王道に徹するし、だからこそ「非常識」で勝負をかけてきたときには、おもいっきり振り切って面白いことになる。

前作を出したタイミングで、アイドル業界ではさまざまな騒動が起きた。

そして、こんな声も聞こえてきた。

「ももクロのやり方は『非常識』だと言われるけれど、むしろ、いまではあのやり方こそが、新しい『常識』なんじゃないか？」

ももクロの『非常識』は、令和の『新常識』？

実際、前作を読んだという業界関係者から、こんなことを言われた。

「ももクロさんのやり方が、もっとも真っ当だと思います。でも、すでに活動をはじめているアイドルグループが、いまから、あのやり方に方向転換をするのは、もう無理なんですよ。握手会もやらない、水着にもならない、メンバーの補充は行わない……それではビジネスがまわらなくなる。早い段階であのやり方にスイッチしたももクロさんは、本当にスマートだったと思いますね」

本来であれば、前作の余韻を引きついで『続・ももクロ非常識ビジネス学』とか『ももクロ非常識ビジネス学2』といったタイトルにすべきなのだろうが、そういった声も勘案《かんあん》して、あえてタイトルから『非常識』の3文字を外した。

章立ても、まるっきり前作を踏襲《とうしゅう》してもよかったのだが、編集サイドから「今回は大きなライブごとに区切りませんか？」という提案があった。ならば、ももクロらしさを出すために『春夏秋冬』という括《くく》りではどうだろうか？　と話はトントン拍子に進み、今回のタイトルになった次第。なにが「ももクロらしさを出すため」なのかは、本を読み終わるころには実感できているかと思う。

ただし、最後の最後で思わぬ『非常識』が待っていた。

実は今回もカバーと巻頭カラー用にメンバーをスタジオで撮り下ろすことが決まっていたのだが、撮影の前々日になって「やっぱり別日に変更できませんか？」との申し入れが入った。待てるものなら待ちたかったが、逆算すると発売日に間に合わなくなるため、今回は泣く泣く断念……したが、こちらもただでは転ばない。そのあたりの裏話は「おわりに」にて書くとして、まずは春夏秋冬の「春の章」から進めていこう。

ももクロ春夏秋冬ビジネス学　目次

夏

頭のネジを外したファンが全国から首都圏に集合

秋

あえてマニア心を裏切る冒険と実験を繰り返す

冬

毎年、場所は変われども、届けるものは変わらない

爽やかな『笑顔の起点』の戦略

［ももクロ春夏秋冬ビジネス学］❶

週末ヒロインのカレンダーは「春」が起点となる

✿学生時代、仕事より学校行事を優先させた「名残《なご》り」

普通、タレントやアーティストの活動を時系列で考える場合、1月にスタートして、12月に終わるのが定番となっている。それはこの本を読んでいるビジネスマンでも同じだろう。しかし、ももクロの場合、4月から活動をスタートさせるのが、実にしっくりくるのである。

詳しいことは「冬の章」にて説明するが、1月のももクロの動き出しはびっくりするほど遅い。事実上、グループとして表立った活動はほとんどなかった、という年まであるぐらいで、他のアイドルとは比較にならないスロースターターなのだ。

そんな背景もあって、1年の起点とも言えるのは、毎年4月に開催される『ももクロ春の一大事』ということになってくる。

ももクロが結成されたのは2008年5月。

紆余《うよ》曲折を経て、現在の基本形となる季節ごとのイベントスケジュールが確立したのは、2011年のこと。驚くべきことに、そこから2019年まで、これだけグループとしての存在感が大きくなっても、その基本形は変わっていない。

当時、メンバーは全員、学生だった。

学生といっても、芸能人ともなると、「ほとんど学校に行っていない」というケースも珍しくない。芸能コースのある高校では「授業に出ていないことがステータス」などという話もよく耳にする。「学校に通える程度のスケジュールでは、タレントとして売れているとは言えない」ということなのだろう。

ただ、ももクロのメンバーは学校を大事にした。

授業はもちろん、学校での年中行事にも可能な限り、参加している。玉井詩織は学園祭と全国ツアーがまる被《かぶ》りになってしまったとき、他のメンバーがツアーの移動日に充てていた日に、ひとりだけ緊急帰京して、学園祭に参加。翌朝、飛行機に飛び乗ってツアーに再合流する、という離れ業を成し遂げている。

これはマネジメント側の判断というか「方針」である。

一瞬で終わってしまうアイドル活動しか視野に入れていないのであれば、学園祭や体育祭などには参加させず、その日も仕事を入れてしまったほうがいい（たいてい、そういった行事は週末にあるので、アイドルにとってはコンサートやイベントを開催できる稼ぎ時と重なってくる）。

しかしながら、ももクロの場合は、早い段階から「息の長い活動をしていく」ということを念頭に置いて活動してきたので、たとえビジネスチャンスを逃す可能性があったとしても、メンバーを快く学校へと送り出した。

なぜそんな非常識とも言える判断をしたのか？　当たり前のことだが、学生生活は学生の間しか味わえないからだ。

その経験はひとりの人間としても大切なものだし、映画やドラマで学生役のオファーが来たときに、リアルな学生生活を経験しているか否かで、自然な演技ができるかどうかにも大きく影響してくる。実際、彼女たちの初主演映画『幕が上がる』は、まさに学生生活を描いた青春ストーリーで、しっかりと学生生活を送ってきたことが、作品にいい形で反映されているのだ。

最年長の高城れにが高校を卒業するタイミングでは、彼女の卒業試験を支援するために、高城のオフの日を多めに設定し、他のメンバーがその穴を埋めるように仕事をした、という実例もある。

これはまだ、ももクロがブレイク前夜でそこまで忙しくなかったからこそできたアクションでもあるが、そのころから「最年少の佐々木彩夏が高校を卒業してからが、ももクロにとっての勝負」とマネージャーの川上アキラは明言していた。学校のカレンダーとももクロのイベントが絶妙にシンクロしているのは、黎明《れいめい》期の名残りであり、当時から方向性が変わっていない証拠でもある。

［ももクロ春夏秋冬ビジネス学］②

季節とリンクしたビッグマッチはプロレスをお手本にせよ！

✿夏は「G1」、冬は「最強タッグ」という風物詩がモチーフ

よく周知されているように、ももクロは2011年以降、季節に合わせたビッグマッチを定期的に開催してきている。

春は『ももクロ春の一大事』。

夏は『ももクロ夏のバカ騒ぎ』。

冬は『ももいろクリスマス』。

夏に関しては、何度かタイトルの変更もあったが（詳しくは「夏の章」を参照のこと）、基本的なテーマや「年間最大規模」というキャパシティーは守られている。

秋は、独自のイベントの開催、全国ツアーや長期のミュージカル公演など、ビッグマッチと重なる時期にはできない試みが毎年のように行われているが、そもそもは『男祭り』や『女祭り』、そして『親子祭り』といった、限定イベントが「秋祭り」の定番となっていた。

この本のタイトルにもなっている『春夏秋冬ビジネス学』は、こういう定例イベントの存在がファンの間で定着しているからこそ成立している。

単純なように思えるかもしれないが、アイドルというビジネスでは、なかなかこの

「季節の定番化」というのが難しい。

少し形は違うが、48グループでは6月の『選抜総選挙』と、9月の『じゃんけん大会』が定例イベントとして開催され続けてきたが、2019年にふたつとも自然消滅してしまった。1年前には、そんなことは誰も想定していなかったわけで、「毎年、同じ時期に同じぐらいの規模のイベントを開催する」ということは、そうそう継続できるものではないのだ。ある意味、ももクロがアイドル業界の「非常識」を「常識」に変えてしまった一例といっても差し支えないだろう。

ただ、この形にはお手本があった。

それはプロレスである。

世界最大の団体・WWEでは春の『レッスルマニア』を筆頭に、夏の『サマースラム』、秋の『サバイバーシリーズ』、そして冬（開催は年明け）の『ロイヤルランブル』を年間4大イベントと位置付けて、1988年からずっと継続開催し続けている。この4つのビッグマッチに向けて、毎週のテレビ中継や、月に一回のPPV大会でストーリーが展開されていき、そのゴールが『レッスルマニア』となる。まさに「点と点を線にする」という作業を1年かけて世界規模で紡《つむ》いでいるのだ。

「点を線にする」はももクロの基本理念のひとつであり、年間スケジュールの組み方が同じようなものになっていくのは、当然のことでもある。

ただし、マネージャーの川上アキラはＷＷＥというよりも、日本のプロレス界が誇る「季節感」に強く影響された、という。

「団体を跨《また》いじゃいますけど、やっぱり夏といえば新日本プロレスの『Ｇ１クライマックス』だし、年末といえば全日本プロレスの『世界最強タッグ決定リーグ戦』じゃないですか？　日程や参加選手が発表されるたびに『あぁ、今年もこの季節が来たのか』と実感できる。そのあたりは意識しましたよね」

季節を感じることができるだけでなく、何年も同じイベントが続くことで、そこに壮大な歴史が生まれる。

「１９８７年の『最強タッグ』でスタン・ハンセンとブルーザー・ブロディが最初で最後の対決をしたね」とか、「１９９１年最初の『Ｇ１』では、蝶野正洋が優勝して驚いた」という記憶をプロレスファンが共有できているのと同様に、「２０１３年のももクリでは国立競技場決定が電撃発表されて泣いた！」といった思い出話が、年号とイベント名でしっかりと括《くく》りつけられている。

これもまた、「長く応援してもらう」ための妙味なのである。

［ももクロ春夏秋冬ビジネス学］❸

春コンサートが「一大事」という言葉の意味さえ覆す

✿２０１７年の復活から大転換した「一大事」

さて、毎年4月に開催される『春の一大事』だが、タイトルにある「一大事」という言葉は、まずアイドル関連では使われることがない。

辞書で「一大事」の意味を調べてみると「放置できない重大な出来事。容易ではないこと」と出てくる。「お家の一大事」という言葉があるように、基本的には「大ピンチ」という意味合いで使われることが多い。

そもそも、本当にももクロがピンチに立たされたときに、このコンサートタイトルはつけられている。

第1回目となった２０１１年は、メンバーの早見あかり（現在は女優として活躍中）が突然、脱退することになり、彼女のラストコンサートとなった。ちょうど人気が急上昇しているタイミングでの脱退劇は、ももクロにとって「放置できない重大な出来事」にあたる、最大のピンチだった。

さらに会場となった中野サンプラザは、それまで彼女たちが経験したことのない２０００人を超えるキャパシティー。しかも昼夜公演なので、のべ４０００人以上を動員しないと満員にはならない。そこに至るまでのキャリアでの最大動員数は日本青年館での１２００人。まさにこれは「容易ではないこと」である。

おそらく、この時点では定例イベントにするとは考えておらず、２０１１年の春に起きた事象だけを捉えて「春の一大事」というタイトルがつけられたのだが、ももクロはこの大ピンチを乗り越えたことで、一躍、ブレイクすることになる。

それもあって２０１２年も『春の一大事』が開催されることになったのだが、今度は会場が軽く１万人を収容できる横浜アリーナにグレードアップ。しかも２ＤＡＹＳでの開催で、初日と２日目ではまったく内容が変わる（ステージなど会場のレイアウトもまるで違うものに一夜で転換）という想定外の大試練が与えられた。

２０１３年は会場を西武ドームに移しての２ＤＡＹＳとさらにスケールが大きくなったが、もはや動員的にはさほど不安もなくなり、いささか「一大事」感は薄れたが、２０１４年にはデビュー当初から目標として掲げてきた国立競技場でのコンサートが電撃決定した（２０２０年の東京オリンピックに向けて改装するため、メンバーには２０２０年までコンサートはできない、と伝えられていた）。

国立競技場での単独コンサートは女性グループでは初、ということで、もはや「一大事」が及ぶ範疇《はんちゅう》はももクロだけの問題ではなくなっていたが、メンバーが知らされたのが開催の２カ月半前という喫緊な状況と、昔から掲げてきた夢だけに絶対に失敗できない、という意味ではやはり「一大事」だった。

その後、2015年は舞台公演を直後に控えているため、また翌2016年は初のドームツアーを開催中だったため、『春の一大事』は開催されていない（初の舞台やドームツアーはまさに「一大事」ではあったが……）。

しかし、満を持して2017年から『春の一大事』が復活。

詳細は次の項で説明するが、イベントの趣旨は大きく変わった。テーマは、「ももクロが大ピンチを乗り越えられるか否か」ではなく、「日本中に笑顔を届け、その笑顔がどんどんつながっていくように」というものに大きく変質する。

常識的に考えれば、コンセプトが変わるのだから、コンサートタイトルも一新すべきなのだろうが、2011年から続くタイトルを変えることはなく、今後もこの名称で継続していくことを決めた。

「あなたの街に『一大事』を起こします！」

そうメンバーが言えば、普通ならネガティブな意味に捉えられてしまうだろう。しかし、ももクロが毎年イベントを続けていくことで、「一大事」という言葉の意味まで も、ハッピーなものに変えてしまった。あと10年もしたら、辞書に書かれる説明すら塗り替えてしまうかもしれない。

［ももクロ春夏秋冬ビジネス学］❹

ないなら作っちゃえ！前代未聞の開催地「全国公募」という奇策

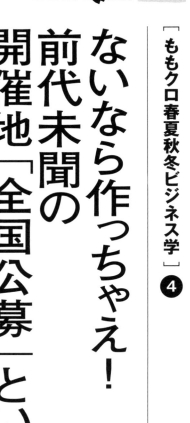

✿空き地や運動場を「非日常空間」に変える秘技

２０１７年から『春の一大事』は大きくリニューアルし、全国の自治体に「どこか開催地になってくれませんか？」と呼びかけ、全国から集まった候補地の中から会場を選定していく、というスタイルに変更した。

近年、会場不足が深刻な問題となっている。

特に首都圏ではオリンピックに向けての改装や改築が相次いでいることから、なかなか会場を押さえることが難しくなってきており、あるアイドルグループは「会場が見つからなかったので、恒例のライブを延期します」と発表したケースがあるぐらいで、エンタメ業界全体の深刻な問題となっている。

ならば地方都市で開催すればいい、となるところだが、地方に行くと大きなキャパシティーを誇る会場がなかなかない、という問題に直面する。

普通ならここで諦めてしまうのだが、ももクロの運営チームは「会場がないなら、作っちゃえばいいじゃないか」と発想を転換させるのだ。

グループのルーツを紐解いても、専用の劇場を持つことができなかった上に、予算もなかったので、ステージすら必要ない「路上ライブ」を彼女たちの舞台として用意したり、ＥＴＣを使えば高速料金が１０００円均一になる、というニュースを見ると、その制度を利用して、車で全国ツアーを敢行したりもした（ただし会場は全国のヤマダ電機の店頭や駐車場、である）。

それゆえ、ちゃんとした会場でなければコンサートはできない、という凝り固まった考え方はもともとない。

昔からプロレスを見ている方なら、ピンとくるかもしれないが、プロレスの興行でも春から夏にかけては「○○特設リング」という会場名をよく見かけた。

これは体育館で試合を組むのではなく、スーパーマーケットやパチンコ店の広めの駐車場にリングを設営し、その周りに椅子を並べ、外からタダ見ができないようにブルーシートで目隠しをしただけの「簡易会場」。

それこそ駐車場ではなく、単なる空き地が会場になることもあり、日常の空間がその日、そのときだけ「非日常空間」になる、というところにも趣《おもむき》があった。ちなみに、マネージャーの川上アキラがプロレスをはじめて生観戦したのも、この「特設リング」だったという。

なんにもないところをコンサート会場にしてしまう、という方法にまったく抵抗がなかったことこそが、このシステムが導入された一因である。

また、それまでもスキー場をコンサート会場にしてしまう、といった試みをしてきたので、すでにノウハウもあった。あとは会場候補地を見つけるだけだ。

ちなみに公募の条件は以下の7点のみ、である（実際の応募要項を簡略化して転載した）。

●無償使用できる会場候補のご用意があること
●会場、土地が自治体所有、もしくは自治体の直接の管理下にあること
●地元住民のみなさん、現地警察などのご理解・ご協力が得られること
●全国のファンのみなさんが安全にアクセスできる場所であること
●警備、案内のボランティアスタッフがいること
●会場に付随する来場者のライフラインのインフラをご用意できること
●会場、周辺地域の公演後の清掃、原状復帰にご協力いただけること

このように並べると、なんだかハードルが高そうに感じるかもしれないが、簡単にまとめると「自治体が所有している場所を貸してもらって、あとはボランティアの方たちを集めてもらい、会場付近のトイレとかを使わせてもらえれば、基本的に大丈夫ですよ」ということ。これによって「春の一大事」の会場候補は、日本中にほぼ無限に誕生することになったわけだ。

［ももクロ春夏秋冬ビジネス学］❺

立候補地のハードルを下げる「出演料はいただきません」

✿究極の「劇場型」プロモーションの一部始終

応募条件を満たしている自治体でも、大きなイベントなどを開催した経験のないところだと「そうは言っても、いろいろと大変なんじゃないか？」という不安はやはり拭いきれないだろう。

その点も募集要項が掲載されているページに、「こういうことはももクロの運営サイドで負担するから大丈夫ですよ」という記述がある。

●ももいろクローバーZの出演（出演料はいただきません）
●ライブの制作、運営
●ステージの制作、および運営にかかる経費

つまり、場所とボランティアだけ用意してもらえれば、あとはこちらでステージを建ててこみ、しっかりとコンサートを制作します、ということ。

なにげにすごいのは「出演料はいただきません」という一文だろう。

もちろん、コンサートでのチケットの売り上げなどから収益が出るわけで、別にもももクロがまったくのノーギャラで出演する、という意味ではないのだが、自治体からはギャランティーをいただきませんよ、ということだ。この一文でグッと立候補地の

ハードルが下がるのではないだろうか？

1回目の埼玉県富士見市は公募による決定ではなかったのだが、そのライブ中にいきなり「来年のライブ会場を全国から募集します！」とメンバーから発表があった。はじめてのことなので、どれだけ応募があるのかはまったく未知数だったが、全国から約30件もの応募があった、とのこと。その中にはモノノフの住民から「今度、ももクロがこういう試みをする。ぜひ、手を挙げてほしい」と自治体に呼びかけがあった、というケースもあったそうだ。

たしかにツアーなどでももクロが近くの街に来てくれることはあっても、季節を彩る年間三大イベントのうちのひとつが地元で開催されるチャンスなど、なかなかない。地方在住のモノノフに夢を与えつつ、まったくももクロを知らない一般層をも巻きこんでの一大イベントにする。これが新しい『春の一大事』のコンセプトなのである。

2回目の開催地である滋賀県の東近江市も、3回目の開催地である富山県の黒部市も、なんの変哲もない運動公園のグラウンドがコンサート会場となった。

ただコンサートをやるだけではなく、ビッグイベントにふさわしい立派なステージが建てこまれる。さらに観客が1万人を超えると、さすがに後方のお客さんは見えにくくなるので、特設のスタンド席もセッティングされる（ちなみにスタンド席の前には簡易的なミニステージも組まれて、メンバーは何曲か、そこまでやってきて歌ってくれるので、後方の席でも、ももクロのパフォーマンスを至近距離で見ることができるようになっている)。

これには他の地域から遠征してきたお客さんたちよりも、地元の方たちのほうがびっくりするはず。それこそ、コンサートに来場しない人たちでも、数日前から、なんにもないところに立派なコンサート会場が出来上がっていく様子が、手にとるようにわかるからだ。周りになにもないケースが多く、本当に突然、謎の巨大要塞が降臨してきたかのような光景がそこに広がるので、まさに究極の「非日常」である。

こうなると、ももクロの存在を知らない人たちも「あれはなんだ?」と気になるし、結果、コンサートの開催が周知されることにもつながってくる。

普通のアリーナでコンサートをやれば、効率よく収益はあげられるかもしれないが、こうやって地元の人たちにまで「週末、ももクロがやってくるらしい」という話が広まることはない。ももクロを知らない人にまで、「あんなに大きいステージでコンサートをやるんだから、たいした人気だな!」と一発でわかってもらえる効果は大きい。

そういう意味では、実に「劇場型」なプロモーションが地方でこっそりと行われていることになるのだ。

［ももクロ春夏秋冬ビジネス学］❻

「2日間で3万人動員」という設定に隠されたお客さんファーストの精神

✿「多すぎず少なすぎず」ピタリとハマった需要と供給

ここ数年『春の一大事』に関しては、2日間で3万人の動員、というのがキャパシティーの目安になっている。

先ほども触れたが、広大な敷地を借りることができれば、それこそキャパシティーは無限大に広げることができるのだが、平面のグラウンドに何万人も詰め込んでしまったら、うしろのほうからはステージがまったく見えなくなってしまう。お客さんのことを考慮すると、やはり15000人前後がエンターテインメントを提供する側からすれば「誰もが楽しんでもらえる上限値」となってくる。

ももクロのコンサートとしては、けっして大きな規模というわけでもない。

夏のコンサートであれば、1日で3万人を超える動員をマークしてしまうし、それを2DAYSで開催するのだから「2日間で3万人」というのは、びっくりするような数字ではない。

ただ、実はこれが適正な数字なのである。

毎年、次回の開催地はコンサート会場で発表されるのだが、だいたいの場合、観客の最初の反応はちょっと微妙なものになる。

滋賀県での開催、富山県での開催、と聞かされた時点で首都圏のファンは「ちょっと行きにくいかな？」と感じ、東近江市や黒部市の名前が出てくると、瞬時にはアクセス方法が頭に浮かんでこなくて「？」となる。

大阪や名古屋であれば、新幹線に乗っている時間も想像がつくし、ホテル込みでの総予算も、なんとなく把握できるから、即座に「よし、行こう！」となって、会場も「ワーッ！」と盛りあがる。しかし、その判断がつかないから、開催地発表の段階では、なかなか「ドカーン！」と盛りあがりにくい。

ただ、その日の夜になると開催地となる自治体のホームページがパンク状態になり、周辺のホテルはすべて埋まってしまうので、みんなコンサートが終わったら、すぐにアクセス情報を調べ、行けるとなったら、まずホテルを押さえてしまうものと思われる。逆にコンサートに行っていない人は、もっと早い段階からパソコンやスマホで情報収集ができるので、本当に急がないとホテル難民になりかねないのだ。

結構「なにがあっても大きなコンサートには行く！」というファン層が多いのがももクロの特徴でもあるのだが、この『春の一大事』に関しては「さすがにアクセスが面倒だから行かない」とか、「移動にお金がかかりすぎるのでパス」、「夏のライブ用に予算をキープしたいから、泣く泣く断念」というファンがかなり出てくる。

どうしても「行けない」のではなく、あえて「行かない」。そういうファン層が一定数、出てきてしまうので、その分、観客動員数も減ってくる。結果、2日間で3万席を用意すれば、どうしても行きたい、と思っている全国のファンをほぼほぼ収容できることになってくる。

そこにプラスして、地元のお客さんのための席も用意して、本当にちょうどいいキャパシティーになるのだ。

地元のタクシーの運転手さんに聞くと「数千人単位のイベントなら年に何度かあるから、だいたい、どういう状況になるのか想像がつくけど、何万人も来られたら、この街はパンクしちゃうよ」と心配していた。パニックになったら怖いから、その日は休みにしようかと思う、という個人タクシーの運転手さんまでいた。

そういう街の規模を考えても、混乱せずに受け入れてもらえるのは、やっぱり2日間で3万人、というのが上限なのかもしれない。

都市部でのコンサートでは心配するようなことではないことも、地方で開催するとなるとちょっとしたことでもネックになってくるケースが想定される。

ももクロの場合、それが理想的な形で本当に自然に解消できた。これはビジネス上、ラッキーでもあるが、根本には「お客さんファースト」の精神があるのだ。

6億円突破！ ももクロの春は驚異の経済効果を生み出す

✿ コンサートは終わっても「ももクロ景気」は終わらない！

地方で開催する、ということはもちろん「町おこし」も大事な目的になってくる。コンサートは2日間にわたって行われるので、両日、参戦する人は最低でも1泊はする。中には最初から観光を兼ねて「コンサートの前日に現地に前乗りし、コンサートの翌日にも観光して帰る」という3泊4日のちょっと贅沢なスケジュールを組んでくるファンもいる。

現地に泊まる。現地で食事をする。帰りにはお土産を買っていく。

コンサート会場の横には、朝からオープンしているサテライト会場が設けられ、そこではコンサートグッズが販売されるだけでなく、地元の名物グルメが食べられるテントがズラリと並び、お土産品として、地元では有名な銘菓《めいか》とももクロがコラボした商品などもたくさん売られている。

もうコンサート会場にいるだけで、地元の味を食べることもできれば、お土産まで買えてしまうのだから、まさに至れり尽くせり、なのだ。

これだけでも開催地には、かなりのお金が落ちることになるし、そこでしっかりと結果が残せているから、毎年、たくさんの候補地から手が挙がることになるのだ。

２０１８年の開催地となった東近江市では、当初、ももクロ招致による経済効果を3億円と予測していたが、イベント終了後、5億円に上方修正している。

どうやら、さらにプラスアルファの経済効果があることまでは想像できなかったようだ。普通に考えたら、コンサートがある2日間で街にもたらされる利益を計算するだけだが、その効果は「事後」もしばらく続くこととなった。

まず、春にコンサートを楽しんだファンが当地のファンになってくれて、夏には純然たる旅行で遊びに来てくれたりする。それが、前年にはなかった経済効果として波及する、という現象が起きた。しかし、事後の効果はそれでも収まらない。

アイドルファンやアニメファンには「聖地巡礼」という文化がある。

ももクロのメンバーが訪れた場所や店に自分も訪れて、追体験をする、というものだ。コンサートには行けなかったけれども、聖地巡礼のためにわざわざ訪れる、というファンも少なくない。

つまり、ももクロが『春の一大事』を開催した土地は、その瞬間に〝ももクロゆかりの地〟となるのだ。それだけで新たな観光客を誘因する効果がある。ここまでは開催してみないとわからないことだった。

２０１９年の黒部では、事前に「感想戦公式店舗」の一覧が発表された。

「感想戦」もまたアイドル文化のひとつだ。コンサートが終わったあとにお酒などを飲みながら、その日の感想を語り合うことをいう。

お店に他にもファンがいると、初対面にもかかわらず盛りあがり、その輪がどんどん広がっていくのは「アイドルあるある」である。

ただ、はじめて行く街だと、どこに行っていいのかわからない、という問題が出てくるのもまた「あるある」。そこで、それを解消するために黒部市サイドがコンサートが終わったあとにも営業している居酒屋やカラオケ店など約20店舗ほどを「公式店舗」とし、終演後にどうぞ、と誘導する形をとったのだ。

当日のチケットを提示すれば、ワンドリンクサービスなどの特典も受けられたのだが、2日目にはラジオの生放送のために黒部市に残っていた高城れにが感想戦の会場に乱入する、というビッグサプライズもあった。これには、急いで新幹線で帰ったファンも「まさか！」となった。

黒部市ではイベント後に「経済効果は6億円を超える」と公表。前年の東近江市を1億円上回る数値で、回を重ねるごとに効果がアップしているのは素晴らしいこと。これだけで「ぜひ次回は誘致したい」と考える自治体が増えるは必至。まだまだ伸びていくビジネスモデルなのである。

［ももクロ春夏秋冬ビジネス学］❽

現地に何度も出向いて大きな機運を作る「ももクロ式プロモーション」

✿メンバーが前乗りで「体感」！　だからファンも乗っていける

普通、アイドルやアーティストはコンサート当日だけやってきて、そのまま帰ってしまうものなのだが、ももクロのやり方はちょっと違う。

事前に何度となく、メンバーが現地を訪れるのだ。

地元のテレビやラジオに出てプロモーションを展開するだけでなく、ファン向けにメンバーが会場を下見している姿を動画配信したりして、「行ってみたい！」と思わせるための活動も積極的に行っている。

さらには公演1週間前にもメンバーが全員揃って黒部を訪れ、コンサートのオープニングで流れる映像の撮影を行うために、名物のトロッコ列車にも乗車。こうやって事前に訪れた場所もまた、「聖地巡礼」の候補地にもなっていくのだ。

その昔、プロレスの神様と呼ばれたカール・ゴッチが、過去にフロリダにある道場を訪れた日本人選手について聞かれたとき、長州力の名前が出ると、不機嫌そうにこう言い放ったという。

「吉田（長州の本名）？　彼は『来て、見て、帰った』だけだ」

プロレスの修行に限らず、どんな仕事でもありがちなことだ。時間がないから、とりあえず行って、サッと帰っても、別に責められることもない。行くだけマシだ。だが、ももクロは何度も来て、地元の人たちときちんとふれあって、さらに地元のおいしいものをがっつり食べた上で帰った。しっかりと「体感」しているのだ。

それだけでもなかなかできないことなのだが、地元のファン向けにチケットを販売してくれているショッピングセンターにふらりと訪れ、なんとチケットの手売りまでやってしまう。

ここまでするとサービス過剰のような気がするかもしれないが、アイドルやももクロに興味がない地元の人たちにとって、コンサートチケットはいささか高い。やりすぎなほどサービスしないと、なかなか買ってはもらえない、という現実がある。

ちなみに一般のチケットは8000円だったが、「黒部市民枠」として約1000席が設けられ、その席に関しては1000円安い7000円で販売された。これは黒部市に在住している人だけが買えるもので、代表者が黒部市在住であれば、同行者は別の市に住んでいてもOK。さらに60歳以上のシルバーの方は6000円、小・中学生は一般で購入した場合の半額になる4000円でチケットが売り出されていた。

つまり、ファンクラブ会員よりも、まったくももクロに興味がない黒部市民のほうが格安でチケットを入手できるということになる。

そうなると、不平不満の声が聞こえてきてもおかしくないところだが、ももクロのファンはこういうところは実に寛容だ。新規ファン獲得の重要性も、地元が盛りあがることの大切さもよくわかっているから、まったくといっていいほど文句や愚痴は聞こえてこなかった。

さらにさらに、である。

開催が近づくと、地元のショッピングセンター限定で「芝生席」が4500円という破格値で販売された。これは会場の外側にある芝生エリアから見学できるもので、座席もないし、ステージからも遠いけれども格安で見られるという、いわば初心者のための「おためし席」である。

普通に立派な会場でコンサートを開催した場合、どんなにお客さんが入っても、外部に対してはクローズドなイベントになってしまう。それをこういう形で開催することで、ほんのちょっとだけ興味を持った人でも気軽にチケットが購入できる、という「余白」を作ることができる。

メンバーが複数回にわたり現地を訪れることも、その稼動時間を考えれば、その分、稼ぎを削ってしまっていると言える。しかし、そんな損得勘定は抜きにして、とにかく行ってしまうのがももクロの心意気、なのである。

［ももクロ春夏秋冬ビジネス学］⑨

安定と信頼のパッケージは地元の人たちと一緒に構築する

✿フォーマットが固まることで説得力がアップ！

毎年、開催地こそ変わる『春の一大事』であるが、毎年、変わらずに行われていることがある。

まずはオープニングセレモニー。

開催地の市長が登場して、挨拶をし、開会宣言をするのだが、その前に前年の開催地の市長からの「引き渡し式」も行われる。

アイドルのコンサートなのに、いきなりステージに現れるのが複数の市長たち……。それだけで十分、あり得ない話であるが、それを当たり前のように受け入れているモノノフの懐も深すぎる。普通だったら「とっととアイドルを出せ！」と野次られても不思議ではない時間なのに、みんなおとなしく話を聞いて、あたたかい拍手を市長たちに送るのだ。

ただ、このセレモニーの役割はけっして小さくない。縁もゆかりもないふたつの自治体が、ももクロが笑顔を届けてくれたおかげで、こうやってつながることができる。コンサートのテーマを会場全体で共有し、日本中の自治体に向けて、格式高く明確なメッセージを発信できる。これはとても大事な儀式である。

これも毎年、続けてきたからこそ「春のオープニングといえばコレ」とファンに浸透し、受け入れられてきた証拠であると言っていい。

同じことを続けるとマンネリと捉えられることもあるが、ももクロチームは「春に関しては、それでもいいんじゃないか?」と考えている。

マネージャーの川上アキラは、「こういうセットで、こういう規模感の会場を組んで、こういうコンサートをやりますと説明してもなかなか伝わりにくいけれど、たとえば、今年の『春の一大事』の映像を渡して、《これをこのまんま、そちらにお持ちします。ステージを組んだり、コンサートの演出についてはこちらでしっかりやるので、とにかく場所を貸してください》と言えば、一発で伝わると思うんですよ。もちろん、セットリストとか細かい構成は変わってきますけど、3年間やってきて、ほぼ基本形は固まりましたね」と語る。

基本形が固まった、というか、このコンサートに欠かせない要素を残していったら、明確な方向性が見えてきた、というのが正しいかもしれない。

オープニングセレモニーの他にも定番になっている演出がある。

それは地元の子供たちによる「合唱」である。

メンバーが着替えのためにステージを留守にする時間がどうしてもできてしまう。

その時間に子供たちがステージに登場して、歌声を披露してくれるというもの。最後の1曲はももクロも合流して、ひとつの作品を完成させる。

1万5000人の前で歌うなんていう晴れ舞台、子供たちにとって、なかなか経験できるものではない。一生の思い出、といっても過言ではないだろうし、そういう場を提供するのも、リハーサルのときから心配そうに見学している父母のみなさんの姿とセットで、もはや「春の風物詩」である。

春の澄んだ空気に、子供たちの透明な歌声。

毎年、なんだか心が洗われるような気持ちになって、うるうるしてしまう。

2019年の黒部では『仏桑花《ブッソウゲ》』をももクロと歌った。

この曲は2016年にさだまさしさんがももクロに提供してくれた、父親と母親に感謝を伝える歌。あれから3年が経って、みんな、大人になったタイミングで、子供たちとこの曲を一緒に歌うと——もう、まるで意味合いが変わってきて、歌詞がとてつもなく染みまくる。

あと何年かしたら、彼女たちが母親になる日が来るかもしれない。

そうなったときも『春の一大事』が続いていて、子供たちと合唱できたなら……すでに大河ドラマは始まっている。

［ももクロ春夏秋冬ビジネス学］⑩

子供たちファースト！笑顔と健全を極める『ファミリーエンターテインメント』

✿臨機応変な対応で子供たちを急な雨から守る

2019年の黒部では、ちょっとびっくりする現象が起きた。

2日間とも午後5時台にコンサートが終わったのだ。

特に初日は晴天だったので「えっ、まだこんなに明るいのに終わり？」という印象が強かった。コンサートではおなじみのペンライトが、その色がはっきりとわからないぐらいの明るさの中で終わってしまったのだ（2日目も同じぐらいの時間に終わったが、曇天だったため、ペンライトが綺麗に映えた）。

ももクロはこの年から『ちびまる子ちゃん』の主題歌『おどるポンポコリン』を担当しており、コンサートにもサプライズゲストとしてまるちゃんが登場したのだが、まさに黒部市民の方なら、急いで家に帰れば『ちびまる子ちゃん』を見ることも可能だった（もっとも、この時点ではまだももクロ版の主題歌はオンエアされていなかったのだが……）。

正直、ファンからすれば「まだ早いんだから、もっと長くやってよ！」という気持ちになってしまいそうだけれども、逆に地元の方、特にファミリーで来場されている方たちからすれば、理想的な終演時間だった。

会場の周りには大きな建物がないから、陽《ひ》が暮れると、急激に暗くなってしまう。そうなった場合、子供たちは夜道を帰らなくてはならず、少しのこととはいえ危険を伴う可能性がある。

それに音の問題もある。

音というものは、風向きや風の強さによっては、想定外に遠くまで届いてしまうものだ。それを考慮したら、ちょっと早い時間に終了する、という心配りも必要になってくるわけで、この判断は間違ってはいなかったと思う。

会場不足を解消する画期的なやり方であるにもかかわらず、このシステムを真似するアイドルやアーティストがいないのは、そういう細かい部分まで気を遣わなくてはいけない煩雑《はんざつ》さ、そして、ここまで書いてきたようにビジネス的な旨みがその手間暇と比べて、そんなにない、という理由があるからだと思う。

そのあたりは前作『ももクロ非常識ビジネス学』に詳しく書いたように、ももクロの運営スタイルの根本に「儲からなくても赤字にならなければいい」という考え方があるからこそクリアできること。それに、とことん「お客さんファースト」にこだわってやってきたので、一見、煩雑に見えることも、ももクロサイドからしてみれば「それぐらいは当たり前だ」と思えてしまうからでもある。非常識も極めれば、全方位が納得するぐらい「常識的」なイベント運営ができてしまうのだ！

　そういえば黒部の2日目、こんなことがあった。

　突然、降りだした雨――。普通であれば、本降りになることを恐れて、どんどんステージ上の進行を早めていくものだが、なぜか、ももクロはMCコーナーでのトークをいつもより長くやっているように感じた。

　ふとファミリー席を見ると、スタッフが総出で子供たちにカッパとしても利用できる、大きなビニール袋を配布していた。この作業中に歌を再開してしまうと、子供たちがステージに集中できないので、配布が終わるまでトークでつないでいたのだ。

　さらにコンサートが再開されたあとも、スタッフは突貫作業でファミリー席の近くにテントを立てて、どうしても雨が気になる方はこちらへどうぞ、と誘導していた。

　当然、コンサートの進行にもそうしたことが少なからず影響を与えたはずだが、ちゃんと夕方6時になる前には終わっている。間延びを感じさせることなく、臨機応変な対応をステージ上でも、客席でも演じてみせたのだ。

　ここまで「お客さんファースト」（特に子供たちファースト）が徹底している「健全なファミリーエンターテインメント」。はじめて来場した地元のお客さんも、きっとアイドルというものに対して好印象を持ったはずだ。

［ももクロ春夏秋冬ビジネス学］⑪

町おこしだけでなく危機管理も兼ね備えた『笑顔と元気のノウハウ』

✿「悪意」を持っていたメディアを「絶賛」へと変化させた

日本中を元気にするために、ももクロは毎年春になると、いろいろな地方を訪れて、「一大事」を巻き起こす——その意味をご理解いただけたかと思う。

3年間にわたり続いてきた『春の一大事』の開催地公募システムだが、その結果、面白い現象が起きている。

発端《ほったん》は2年目だった。

滋賀県東近江市での開催が決まると、すでにコンサートを終えた埼玉県富士見市から、あるものがプレゼントされたのだ。

それは『春の一大事』を開催したことで得た「ノウハウ」である。

1万人以上の観客が一挙に集まると、こんな想定外のことが起こる。

こういうことが起きた場合は、こうやって対処すれば解決する。

そういうイベントをやってみなければわからないデータの数々が、すべて富士見市から東近江市へと引き継がれたのだ。

この流れはその後も続き、東近江市からは、さらにアップデートされたノウハウのすべてが黒部市に引き渡されている。

これをどんどん繰り返していけば、日本中の自治体に「2日間で3万人」という巨大イベントを安全に運営していけるだけの「ノウハウ」が共有されていくことになる。

その先にあるものはなんだろうか。もはやももクロは関係なしにして、地方自治体がイベントを活用して町おこしをしていくためのノウハウを蓄積し、それをお互いに教え合って、次々に広めていくという連鎖になっていく姿が見えてくる。ひょっとしたら、このイベントの本当の目的はそこにあるのかもしれない。

コンサートを開催する自治体からすれば「2日で3万人もやってくる」ということはけっしてポジティブな要素ばかりではない。ひとつ間違えば、まさにネガティブな要素を多分に含む「一大事」である。

しかし、それを乗り越えることによって、「経済効果6億円」、「今後のイベント開催に役立つノウハウ」というポジティブな要素が入手できる。

さらにコンサートの様子はテレビや新聞などで報道され、そのたびに「○○市」が連呼されるので、街の知名度は大幅にアップする。まさにいいことずくめだ。

開催地にとって、「一大事」は、確実にポジティブな響きに塗り替えられていく。「ノウハウの熟成」による恩恵を享受するのは、自治体だけではない。ももクロの運営チームにとっても、また大きなプラス要因だ。

2018年の東近江市は、会場の最寄り駅が無人駅だったため「そんなところに3万人もやってきて、本当に大丈夫なのか？」という記事が地元の新聞に掲載され、それを関西圏テレビ局のワイドショーなどが後追い報道して、ちょっとした騒動となった。もちろん、そのあたりは対策済みで「なるべく無人駅は利用しないように」というアナウンスがチケット購入者には徹底され、近隣の大きめの駅から会場行きのシャトルバスをどんどん出して、スムーズに観客を移動させる手はずも整えていた。結果、無人駅が大パニックになる光景を撮るために集まったテレビ局のクルーが「本当になにも起こらなかった」とびっくりし、翌日のワイドショーではその運営のすばらしさが称賛される、という副産物まで生んでいる。

それまでに蓄積されたノウハウがあったからこその危機管理。その能力も年々、アップデートされている。ももクロを招致しようと考えている自治体サイドに「安心して呼べる」と思ってもらえるだけの信頼感が、そこに出来上がってきているのだから、これはももクロの運営にとって大きな財産である。

2020年4月には福島県のJヴィレッジでの開催がすでに決定した。2020年という日本が世界から注目されるタイミングで福島開催。まだまだ、いい意味での「一大事」が日本中に広まっていく。

［ももクロ春夏秋冬ビジネス学］⑫

ももクロが紡ぐアイドルの枠を超えた「ふれあいの場」

✿斜面にテーブルを置いての「路上サイン会」での出会い

前述したように、コンサート会場の横にはサテライト会場が設けられ、朝からたくさんのお客さんでにぎわっている。もうそれだけでひとつのイベントとして成立していると言っていい。

飲食や物販だけでなく、ステージではアイドルのライブや、ものまね芸人たちが登場してのお笑いステージなど、常にイベントが展開されているので、週末の昼下がりを楽しむには格好の場。ちなみにサテライト会場にはコンサートのチケットがなくても入場でき、ステージイベントは誰でも無料で楽しむことができるのだ。

僕も毎回、物販エリアで新刊本の発売を記念し、サイン会をやらせていただいている。僕のような存在がサイン会などおこがましいのだが、実はやる意味はあるのだ（詳しくは前作『ももクロ非常識ビジネス学』をお読みください）。

ところが黒部では思わぬアクシデントが発生する。

朝イチに物販エリアに行くと、いつもは本売り場の横にあるはずのサイン会ブースが存在しない。どうやら、スペース的に設置するのが難しかったようだ。

とはいえ、サイン会をすることは告知してしまったので、やらないわけにはいかない。「どうしましょうか？」とスタッフに相談すると、「そのあたりのスペースは自由に使っていただいて大丈夫です」と物販エリアの脇にある「原っぱ」を指定された。

こんなにスペースがあるんだったら、ここまで物販エリアを広げればいいじゃないか、と思ったのだが、いざテーブルをセッティングしてみると、それができない理由がわかった。小高い丘のようになっている場所にサテライト会場を組んだため、その最上部に位置する物販エリアは傾斜がキツく、テントなどは限られた範囲にしか設置できないのだ。

つまり、僕は傾斜がキツいところに机を置いて、斜めになりながらサイン会をしなくてはいけなくなったのだが、そこはももクロの「非常識ビジネス」を長年にわたって体感してきているので、即座にテーブルに「路上サイン会会場」と手書きのチラシを貼って、のんびりと物販をすることにした（ありがたいことにたくさんのファンの方が「扱いが雑すぎる！　なんとかしてあげてください！」と運営サイドに直訴してくださったようだが、前述の理由でどうにもならなかったのです）。

いつもはどうしても時間に追われてしまうのだが、こうなったら、のどかにのんびりとファンのみなさんと接することができると割り切れたのだ。そんな状況を見て、ひとりの男性がこちらにやってきた。

その方は数年前に倒れてしまい、その後遺症で遠出ができなくなってしまった。闘病中に勇気をもらったももクロのコンサートに行きたいけれども、なかなかそれが叶わないことを残念に思っていたのだが、今回、地元にやってきてくれるということで急いでファンクラブに入り、チケットを購入した、という。

後遺症のため、これだけの言葉を伝えるのにも、何分もかかってしまう。いつものように売店の横で対応していたら、後ろに並んでいる人たちに気を遣って、この話を僕にしてくれなかったかもしれない。

そういう意味では「路上サイン会」という奇手に出てよかったのだ。

おもいきって僕に話してくれた方も、その想いを伝えられたことをすごく喜んでくれていたし、他のお客さんともゆっくりとおしゃべりをすることができた。

もはやアイドルの現場を超えた「ふれあいの場」。

さすがにメンバーがここに顔を出すことはできないけれども、その代わりに少しでもお客さんと交流して、その「ふれあいの場」を楽しいものにできるお手伝いができるのであれば、僕もうれしい。出版社からしたら、本が売れるペースが落ちるので、歓迎できるものではないかもしれないが、こうやって非常識からハッピーが生まれる素敵な空間が『春の一大事』にはあるのだ。

頭のネジをはずしたファンが全国から首都圏に集合

幸せを呼ぶ『バカ騒ぎ』の鉄則

MetLife
メットライフ生命
STAFF

［ももクロ春夏秋冬ビジネス学］⑬

『ニッパチ』を怖れず
ファンと一緒に
夏休みを楽しむ

学生でなくなってもテイストは「夏休みを楽しもう！」

昭和の時代、興行の世界には『ニッパチ』という言葉があった。

ニッパチとは「二八」。

つまり、2月と8月を指す言葉で、この月に関しては「なにをやってもお客さんは来ないから、なにもやらないほうがマシだ」とまで言われるほど、興行の世界においては「厄月」の扱いだった。

2月は、年末年始でお金を遣いすぎた人たちが財布の紐を締めにかかる時期であると同時に、冷えこみが1年でもっとも厳しくなるので、わざわざ人がイベントのために外に出ていかない、というのが大きな理由。

8月に関しては、おもにお盆期間のことを指し、みんな帰省してしまって、特に都市部での人口分布が普段とは大きく変わってしまうので、大きなイベントになると、集客の目算も立たない、という話である。

平成初期、つまり90年代初期までは、確実に『ニッパチ』という言葉は根強く生きていて、実際、この時期を避けてイベントが組まれる傾向が強く、雑誌を作る仕事をしていた僕もお盆休みで合併号が出る（つまり、1週間分、発売がなくなる）こともあって、いささか暇だった記憶がある。

ただ、生活習慣の変化とともに、そういう傾向はどんどん薄れていき、90年代半ばからは、お盆の真っ最中でも普通にビッグイベントが開催されるようになった。

もっと言えば、昭和の時代には大晦日の夜は自宅で家族揃って過ごすもので、外出するとしたら、深夜に初もうでに出かけることぐらいしか選択肢がなかったのに、このころからカウントダウンイベントが当たり前のように行われるようになってきた。

個人的にも1990年以降、取材か遊びかは別にして、ほぼ毎年なんらかのカウントダウンイベントに参加している。平成の世になって、若者を中心に生活習慣が劇的に変わったのだと思う。

そして『ニッパチ』と言う言葉もイベント関係者の口から、ほとんど聞かなくなった（ただし、飲食の世界ではいまだに根強く『ニッパチ』は売り上げが落ちる、というのがデータ的にも立証されている、という）。

特にアイドルのイベントは8月になると頻繁に開催されている。

世界最大のアイドルフェスティバル（他の国ではこういったイベントはないので、アイドル業界では日本一＝世界一、ということになる）と称される『ＴＯＫＹＯ　ＩＤＯＬ　ＦＥＳＴＩＶＡＬ』も毎年、8月第1週の金土日に開催されているし、人気アイドルの「夏コン」も、やはり8月に大々的に行われることが多い。

客層が若いアイドルであれば、やはりファンのメインとなる学生が夏休み期間中であることが大きいのだろうし、なによりもアイドル自身も夏休み中だから、学校の行事やテストに縛られることなく自由に動けるので、なにかとスケジュールが組みやすい、という側面もある。

他のアイドルと比べて、ファン層が高めの印象があるももクロでも、やはり社会人が夏休みを利用して、コンサート会場に駆けつけてくれる。日本中からファンが集まってくるため、夏のコンサートが1年の中で最大の観客動員を誇るイベントとなり、日産スタジアムでの2DAYS公演となった2014年には2日間で12万4621人を集めるという巨大興行として語り継がれている。

結果として、8月はアイドルにとって千載一遇の「商機」となった。

ももクロも2011年から野外会場を中心に大きなコンサートを開催するようになった。当然のことながら、この時点ではまだメンバー全員が学生だったので、観客と一緒に「夏休みを楽しもう！」というテイストが強かったこともある。

そして、10年近く経っても、そのテイストの基本線はいまだ変わっていない。実はここがビジネス戦略上、重要なのである。

［ももクロ春夏秋冬ビジネス学］⑭

「頭のネジを外して！」「夏休みなんだから」というパワーワード

理屈なしの安心感！　確実に楽しめる夏のコンサート

2011年8月20日、よみうりランドEASTで開催された『サマーダイブ2011 極楽門からこんにちは』（極楽門とは、会場に隣接している門の名前）がももクロの夏コンサートの「基準点」となっている。

当時としてはももクロ史上最大の6000人を動員したのだが、のちに夏コンサートは最大で60000人を超えるようになり、興行としての規模は単純計算で10倍にまで膨れ上がることになる。しかし、いまだにメンバーたちは「夏のコンサートといえば、やっぱり極楽門みたいなことをやりたい！」と口を揃えるほど、基本形にして理想形のイベントとなった。

このコンサートでメンバーが「とにかく楽しかった」と述懐するのは、客席に降りていって、ひたすら水鉄砲でお客さんを撃ちまくる、という演出。いや、もはや演出というか、心から楽しんでいた印象しかないのだが、たしかに屋内の会場では水をぶちまけることなんてできないし、会場が倍々ゲームで大きくなっていった時期だけに、客席との「近さ」をキープできる喜びは彼女たちの中で、とても大きなウエイトを占めていたようだ。

その想いが10年近く経っても、たとえ会場の規模がとてつもなく大きくなっても、まったく変わっていない、というのは、ファンにとってもうれしいポイントである。彼女たちの中では、６０００人の会場でやっているときと同じ感覚で数万人の観客の前に立っていてくれる。物理的な距離だけはどうにも縮めることができないけれども、精神的な距離はものすごく近い、ということが伝われば、間違いなくファンの心に刺さってくれる。

もちろん、口で「みんなの近くにいるよ！」と言うことは簡単である。しかし、観客はアイドルの現場に限らず、そういう言動がウソかホントかを見抜く力を持っている。心にもないことを言ってもすぐにバレる。10年以上、観客に寄り添いながら活動を続けているももクロに「ウソがない」ことはファンが知っている。

そして、２０１１年からずっと言い続けているフレーズが『頭のネジを外して楽しみましょう！』。理由はずばり「夏休みなんだから」。

ここまでストレートなパワーワードもない。

学生はコンサートの翌日も学校はお休みだから、この空間にいるあいだは宿題のことなんか忘れて、ひたすら盛りあがろう。

社会人は翌日から会社に行かなくてはいけない人もいる。その場合、会場に入ったら、一旦、頭のネジを外してコンサートを心から楽しんで、家に帰るあいだに頭のネジを締めなおして、明日からまたがんばりましょう。

「頭をからっぽにして」とか「嫌なことなんか忘れて」という言葉と、さほど意味が変わらないように思える。しかし、「ネジ」という具体的なワードをひとつ放りこんだだけで、日常と非日常の「スイッチ」を切り換えるイメージをありありと思い浮かべることができる。明日への活力にも化けてくれる。

なにげない言葉だが、けだし名言である。

極論を言えば、夏のコンサートにはテーマもコンセプトもなにもいらない。

とにかく日本中から数万人のファンが集結し、「頭のネジ」を外して楽しめばそれでいいし、だからこそ年間で最大の動員数を誇るイベントとして、長年、君臨しているわけだ。

言葉を替えれば「夏のコンサートは確実に楽しめる」ということ。

その信頼感があるから、ファンは日程と会場が発表された瞬間にホテルや飛行機を予約し、あとはチケットが当選することだけを祈るのだ。

季節感を大事にしたイベントを、年間を通してレイアウトしつつ、それぞれのイベントをブランディングすることで、その価値観は保たれることになる。

「否」を起こし長いスパンで「賛」を回収していく

「なれあい」を拒否する絶妙なバランス感覚

さて、前項のラストで触れたように、夏のコンサートは「テーマもコンセプトもいらない。ただただ楽しくて、満足できる」というブランド力をつけた。

観客としても「余計なことはしなくていいから、ただただ歌って踊ってくれればいい」という欲求が強いのだが、そこを絶妙にハズしてくるのがももクロの運営チーム、なのである。

変な話、なんにも考えなくていいのであれば、コンサートを作る側もラクチンだ。しかし、そうやって楽なほうへと流れてしまうと、いつしか観客との関係性も「なれあい」になっていくし、刺激や緊張感がなくなると、もっと新鮮で刺激的なアイドルが出てきたときに、観客はそちらへと流れていってしまう。

モノノフの方にそういう話をすると「僕たちに限って、そんなことはない。ももクロ以外に興味がないから」と熱弁されるのだが、そうやって言い張れるのも、ももクロの運営チームが、常に観客に刺激や緊張感を与えるような仕掛けを続けてきたからであり、「夏のコンサートで余計なことをしてくれるな！」という憤りもまた、ももクロから離れられなくなる一因になっているのだ。

実を言うと、大絶賛に終わり、いまだに語り草になっている2011年の夏コンサートも、当時は賛否両論の嵐だった。

その原因となった演出は、オープニングで特撮ヒーローものに出てくるような悪役がステージをジャック。アイドルのコンサートを見にきたのに、いつまでも主役のももクロが登場しないことに観客は「？」となった。

そして悪役たちを退治するためにももクロが登場したのはステージではなく「上空」。クレーン車で天高く登場したメンバーたちだったが、安全のため、そこからゆっくりと降りてくる。しかもステージに直接、降りることができないので、客席の最後方から走ってステージへと向かうことになり、メンバーがステージに揃ったときには、開演からすでに20分以上が経過していた。

当時はこの演出を巡って「あんな時間があったら、あと4曲はできたじゃないか！」と不平不満を抱えるファンも多く、賛否両論というより、むしろ「否」のほうが多かった。もともと他のアイドルを応援していて、そこからももクロに流れてきたファン層は、こういうことがあるたびに「こんなのアイドルじゃない！」と、ももクロの現場から去っていった。

このサイクルの繰り返しで「モノノフ」という、他のアイドルファンとはちょっと変わった客層が確立されていくわけだが、それと同時に夏のコンサートの「コンテンツ力」も年々、強くなっていった。

２０１１年のオープニングでたっぷりと時間をとって「茶番劇」を展開したことで、翌年以降、ドン！と早めにメンバーがステージに登場するだけで、客席はドカーンと沸くようになった。

はじめて日産スタジアムに進出した２０１３年は、すべての観客が会場に入って絶句した。「グラウンド部分に観客を入れない」という衝撃的な客席構成で、またもや賛否両論を巻き起こしたのだ（実際のところは、芝の養生のため、椅子を並べることができなかった）。２０１６年の夏に同会場に戻ってきたときには、グラウンド部分まで含めて、ギッシリと埋まった客席が新たな感動を呼んだ。

その年だけ、その瞬間だけ切りとってしまうと、たしかに「否」のほうが多くなるのもわかるのだが、こうやって長いスパンで眺めていくと、のちのち、しっかりと伏線が回収され、さらなる顧客満足度のアップへとつながっていることがわかる。

賛否両論を起こし、一部のファンが離れてしまうことは「愚策」ととられがちだが、数年かけて、それを満足感に変えることで、観客が長く応援することの楽しさを噛みしめることになる。ときには「否」が多くなることもムダではないのだ。

［ももクロ春夏秋冬ビジネス学］16

遠い頂を望み濃密な時間をともに歩む『桃神祭』に潜んでいた設定

お手数ですが
切手を
お貼りください

郵便はがき

150-8482

東京都渋谷区恵比寿4-4-9
えびす大黒ビル
ワニブックス 書籍編集部

お買い求めいただいた本のタイトル

本書をお買い上げいただきまして、誠にありがとうございます。
本アンケートにお答えいただけたら幸いです。
ご返信いただいた方の中から、
抽選で毎月5名様に図書カード(1000円分)をプレゼントします。

ご住所 〒 TEL(- -)	
(ふりがな) お名前	
ご職業	年齢 歳 性別 男・女
いただいたご感想を、新聞広告などに匿名で使用してもよろしいですか? (はい・いいえ)	

※ご記入いただいた「個人情報」は、許可なく他の目的で使用することはありません。
※いただいたご感想は、一部内容を改変させていただく可能性があります。

●この本をどこでお知りになりましたか?(複数回答可)

1. 書店で実物を見て　　2. 知人にすすめられて
3. テレビで観た(番組名:　　　　)
4. ラジオで聴いた(番組名:　　　　)
5. 新聞・雑誌の書評や記事(紙・誌名:　　　　)
6. インターネットで(具体的に:　　　　)
7. 新聞広告(　　　　新聞)　8. その他(　　　　)

●購入された動機は何ですか?(複数回答可)

1. タイトルにひかれた　　2. テーマに興味をもった
3. 装丁・デザインにひかれた　　4. 広告や書評にひかれた
5. その他(　　　　)

●この本で特に良かったページはありますか?

[　　　　]

●最近気になる人や話題はありますか?

[　　　　]

●この本についてのご意見・ご感想をお書きください。

[　　　　]

以上となります。ご協力ありがとうございました。

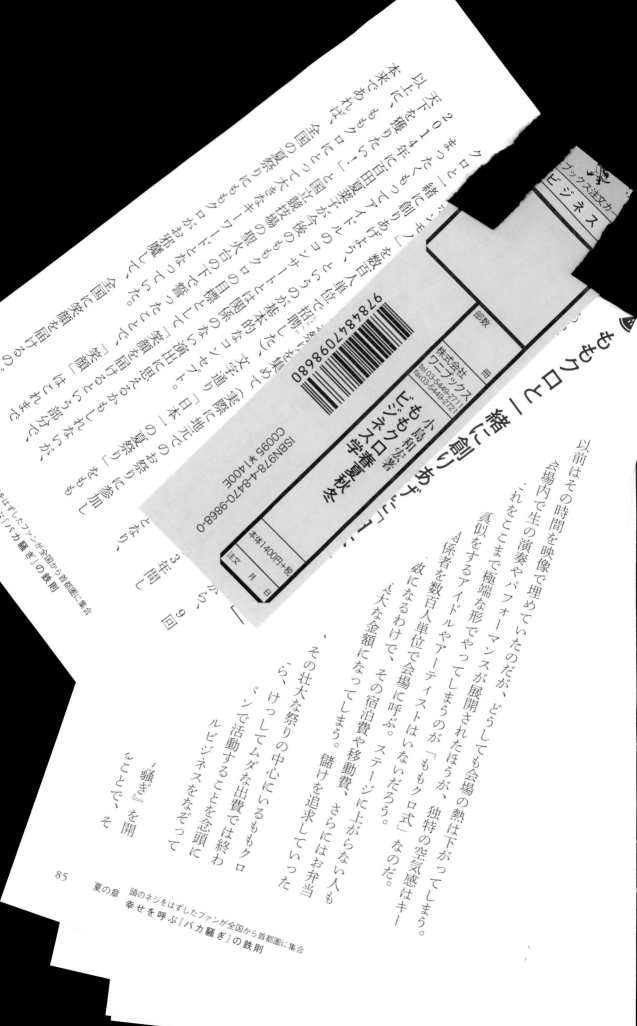

ももクロと一緒に創りあげ

以前はその時間を映像で埋めていたのだが、どうしても会場の熱は下がってしまう。

会場内で生の演奏やパフォーマンスが展開されたほうが、独特の空気感はキー

これをここまで極端な形でやってしまうのが「ももクロ式」なのだ。

真似をするアイドルやアーティストはいないだろう。

係者を数百人単位で会場に呼ぶ。ステージに上がらない人も

数になるわけで、その宿泊費や移動費、さらにはお弁当

大な金額になってしまう。儲けを追求していった

その壮大な祭りの中心にいるももクロ

ら、けっしてムダな出費では終わ

ンで活動することを念頭に

ルビジネスをなぞって

騒ぎ』を開

ることで、そ

ブックス注文カード

ビジネス

部数　冊

株式会社ワニブックス
tel 03-5449-2711
fax03-5449-2721

小島和宏著
ももクロ春夏秋冬ビジネス学

ISBN978-4-8470-9868-0
C0095 ¥1400E

本体1400円+税

注文　月　日

夏の野外で舞台裏……る

【ももクロ春夏秋冬ビジネス学】 19

書店名

売上カード

売上　月　日

発売元
株式会社ワニブックス
TEL03-5449-2711 FAX03-5449-2721

小島和宏著
ももクロ春夏秋冬ビジネス学

本体1400円+税

ISBN978-4-8470-9868-0 C0095 ¥1400E

1曲目でスタジアムに虹がかかる「奇跡」!

この章の最初のほうで「日本人の生活習慣が平成以降、大きく変わった」という話を書いたが、もっと変化したことがある。それは天候だ。

いつから日本の夏はこんなに暑くなってしまったのだろうか?

僕が子供だった昭和50年代は、夏休み期間中、毎日毎朝、ラジオ体操に参加させられた。夏休み期間中も早寝早起きの習慣を崩さないように、という意味合いもあったのだろう。親の実家に帰省しているあいだも、その地域のラジオ体操に参加するように指示されたものだ。しかし、汗をかいた記憶はない。

あと、学校の先生に必ず言われたのが「家に帰ったら、午前中の涼しい時間帯に宿題をやりましょう」というお決まりの言葉だ。

そう、真夏でも朝から午前中にかけては涼しかったのだ。

それがここ数年で、朝からウソみたいに暑くなった。

そして、ゲリラ雷雨の頻度がとてつもなく多くなり、いつどこで発生しても不思議ではない気象条件になってしまったのだ。

東京オリンピックのマラソン会場が札幌に変更されたのも致し方ない。誘致のときとは、もう気象条件が大きく変わっている。

つまり、ももクロが夏コンサートを始めてからの9年間で、季節環境はガラッと変わってしまったことになる。

コンサート中であっても、雷雲が近づいてきたら、一旦、進行を止めて、観客を安全な場所まで誘導しなくてはいけない。当然の対応だが、そのまま大雨によって、コンサートが中止になってしまう可能性もあるわけで、真夏の野外コンサートは年々、リスキーなものとなってきている。思えば、ドーム球場が存在しなかった昭和の時代に、プロ野球のスケジュールが調整できなくなるほど雨天中止が続かなかったことを思えば、やはり気象状況が激変しているのは間違いない。

ももクロも春や夏に野外コンサートを開催するときには、舞台裏が完全に「秘密基地」と化す。運営本部には大きな雨雲レーダーのモニターが置かれ、専門のスタッフがその前に常駐しているのだ。

このモニターを見ていれば、雷雲がいまどこにあって、どれぐらいの時間帯に接近する可能性があるのかが、リアルタイムでわかる。警報が出てから動いても遅い。その数時間前から雷雲の動きをチェックして、常に最悪のケースを想定して、準備をしなくてはいけないから、スタッフは朝から気が抜けない。

雨雲ではなく、これからコンサートが終了して、観客が全員会場を出るであろう時間までの予想気温や湿度、風向きまでも適宜《てきぎ》、予測できるので、それに合わせて人の動きもコントロールすることができる。

ももクロは昔から「天気運がいい」と言われ、コンサートが荒天で中止になったこともなければ、間違いなく突っこんでくると予測されていた台風が急に逸《そ》れて、なにごともなく開催できたこともある。

ただ、もはやそんな強運や「神がかり」に頼るわけにはいかない。

2014年の『桃神祭』では、雷雨のため、開演が1時間遅れる、というアクシデントが起きた。

そのときも雨雲レーダーで「何時ぐらいにこの周辺を雷雲が通過し、そのあとは落雷の心配はない」とわかっていたから、一度、アリーナ席の観客を屋根のある場所に避難させた。そのあいだにバックステージではメンバーが「雨でステージが滑りやすくなっている」と急きょ、動きを変更するなど、作業に追われていた。

結果、開演して1曲目を歌っている最中にスタジアムの上に綺麗な虹がかかる、というウソのような光景が広がった。

綿密な準備が呼んだ奇跡、である。

［ももクロ春夏秋冬ビジネス学］20

なぜ高城れには開演前の駅前で「水撒き」をしたのか

「美学の人」川上アキラをも動かした高城れにの意志

2019年の夏コンサートはメットライフドーム（西武ドーム）で開催された。

都心から遠い、とにかく蒸し暑い、とマイナスイメージが囁《ささや》かれる会場（ドームではあるが密閉されておらず、屋根が乗っかっているだけなので、風向きによっては外気がどんどん入ってきてしまう）だが、屋根があるので直射日光を避けられるし、なによりも雨が降っても影響がない。不安定になってしまった気象条件を考えると、夏コンサートには心強い会場なのである。

アクセス的にも『西武球場前駅』の真ん前に位置するので、実は悪くはない。帰りこそこの駅だけに数万人がイッキに押し寄せるので大変なことになってしまうが、開演前は電車を選べば池袋から乗り換えなしで到着するし、駅を出たら、目の前にドームが建っているからだ。ただ、2019年に関しては、ちょうど駅前で工事が行われていて、直射日光から逃げられるような場所がほとんどなかった。

隣接するサテライト会場も同様で、朝9時にオープンする時点で、もはや「猛暑」といっても過言ではない状況になっていた。

僕は9時から物販コーナーに座っていたのだが、観客がしっかりと暑さに対する自衛策をとっていることがわかった。

　何年か前までは、物販コーナーには朝からコンスタントにお客さんが訪れていたが、２０１７年ごろから、人の流れが完全に変わった。

　朝９時の開場と同時にドッとお客さんが押し寄せ、最初のピークが訪れるのだが、その波は午前中には収まってしまう。

　次のピークがやってくるのは夕方の時間帯。もう昼前からのもっとも暑い時間帯をお客さんが避けているのがわかる。本当はサテライト会場にずっと長座していたいし、数年前まではそうしていたけれど、さすがにコンサート本番に体力を温存しておきたい、というファンが増えたのだろう。

　物販をしながら、お客さんに取材してみた。

「とりあえず絶対に欲しいグッズがあるときは、売り切れてしまったら嫌なので、朝いちばんでサテライト会場に来て、物販の列に並ぶ。そのあとは一旦、ホテルに戻って仮眠をし、夕方に戻ってくる」（地方から1泊2日でやってきた男性）

「午前中にグッズを購入したあと、電車で所沢まで戻り、涼みながらランチを楽しんできました。気持ちを高めるために、ちょっと早めに戻ってきましたけど、西武球場前駅から電車で所沢方面に向かう人がたくさんいました。レストランでの食事はすご

く快適でした」（都内からやってきた女性）

「涼しくなるのを待っていたけど、いつまでも涼しくならないので会場にやってきたら、物販エリアが混んでいてびっくり。終演後もやっていると聞いたので、終わったらまた来ます」（近隣に住んでいる男性）

なにげに西武線沿線にも経済効果は波及しているようだが、駅前から動かない人も一定数いる。そういう人たちのために、妹分のアイドルたちが「ライオンズタイム」と称して、1時間に1回、10分間の水撒きをして、涼を提供していた。

そこに突然、高城れにが登場して放水を始めたから、観客は目を疑った。

ついさっきリハーサルを終えて、疲れているはずなのに「少しでもモノノフさんが涼しくなれるなら、私も参加したい！」とみずから志願したのだという。これからドームの舞台に立つスーパーアイドルとは思えない行動力である。

マネージャーの川上アキラは、「スターというのは、開演してステージに登場するまで、お客さんの前に姿を見せるべきではない」という美学を持つ。しかし、「あのときは高城さんの意志を尊重しました。今、目の前で水を撒いている高城れにと、開演してステージに現れた高城れにが違うオーラを纏《まと》っていればいいかな」と言った。

ファンを熱中症から守るために水を撒くアイドル。これは美しい姿だ！

［ももクロ春夏秋冬ビジネス学］21

出費も気にせず芝生の休憩場所を開放させる「価値観」

突如として高まった熱中症リスクに異例の対応

2019年の夏が大変だったのは、7月後半まで異様なまでの冷夏が続き、コンサートの数日前から、急に猛暑が襲ってきたことだ。

前年と暑さ自体はあまり変わっていなくても、まだ体が暑さに慣れていないところに猛暑がやってくると、体が対応しきれない。その分、熱中症の危険性が高まってくることになる。

そこで運営サイドが打ち出したのは「夕涼みエリア」の開放だった。

西武ドームの外野席は、いわゆる芝生席になっている。

ただ、コンサートの場合、完全にステージが死角になってしまい、なにも見えない場所となるため、そこに客席を設定しないことが多い。つまり、完全なるデッドスペースになっているのだ。

さすがに朝から開けるわけにはいかないが、リハーサルが終わり、正式に開場したあとは、そのスペースを「夕涼みエリア」として開放することを、コンサートの数日前に発表した。

けっして涼しくはないかもしれないけど、屋根があるので直射日光を避けることができるし、芝生になっているから、あんまり調子がよくないな、と思った人たちはその場でゴロンと寝転んで休むこともできる。そういう逃げ場がある、というだけでファンとしては気持ちが楽になる。

前項で書いたように「所沢まで出て涼んできた」とか「ホテルで仮眠した」という人たちは、ある意味、コンサート慣れしていて、開演までの時間を上手にコントロールできるタイプ。ただ、大きなコンサートになると「今回がはじめての観戦になる」「ひとりで来たので、開演までどうやって時間をつぶせばいいのかわからない」というお客さんも、かなりの数、出てくることになる。

そういう人たちにとっては、「夕涼みエリアを開放する」という情報があるだけで、どれだけ心強いかわからない。

ビジネス的な損得でいえば、けっして得にはならない。

新しいエリアを設けるとなれば、そこに常駐する係員も立てなくてはいけない。特段、なにをするわけでもなく、単にデッドスペースを開放するだけでも、確実に人手とお金はかかってしまうわけで、それが数日前に決まったということは、完全に「想定外の出費」ということになる。

この「数日前」というところがミソだ。

さきほども書いたように、コンサートの数日前までは冷夏が続いていたので、こういうスペースを作る必要性が薄かったが、突如として猛暑になったので（1週間予報では当初、40度を超える気温が懸念されていた）、急きょ「夕涼みエリア」の開放が決まった、ということになる。

そのタイミングで人員を調整するとなると、これがかなりの労力を要する。ドームでのイベントにはたくさんのスタッフが関わることになるが、それだけに持ち場がきっちりと決まっていて、他のエリアの担当者を右から左へ動かせば済む、という話ではないのだ。

それでも『お客さんファースト』を守る。

人手が足りないのであれば、自社の社員を動員してでも、観客のために尽くす、というのが、ももクロ運営のいい意味での「非常識」さなのである。

それは周囲の人間もよくわかっていて、何年か前にあまりの暑さに「ペットボトルの水をアリーナ席で売り歩こう」となったとき、売り子として参加したのは番組取材のために訪れていたテレビ局のプロデューサーだった。こんなこと、他の現場では絶対にあり得ないし、そういったことを知っているからこそ、高城れにもみずから「駅前で水を撒きたい」と言い出せる。これがももクロの「常識」なのだ。

ファンを守るスタッフTシャツの「一目瞭然」

類を見ないホスピタリティもモノノフには「当たり前」

ももクロのコンサートに足を運んだことがない方は、この章を読んで、「なんてハイレベルなホスピタリティだ！」と驚かれているのではないか？　そのあたりは、前作『ももクロ非常識ビジネス学』にも詳しく書いたが、概要だけ触れておく。

とにかく、すべての世代のお客さんが安心して来場できる場を提供する。それゆえ、ももクロのコンサートでは会場内での飲酒はもちろん、酒気帯びでの入場も厳禁となっているほどで、「会場内で起こり得るトラブルを未然に防ぐ」という危機管理能力は相当、高いと言える。

また、ももクロのコンサート会場には、救護室はもちろんのこと、子供連れのお客さんのために授乳室やおむつを替えるスペースが設けられている。さらに、コンサートに飽きてしまった幼児たちのために、遊具が置いてある部屋まで用意されていることが多い。ここにはモニターが置かれているので、親御さんも引き続き、コンサートを楽しむことができる。

さすがにここまで至れり尽くせりな会場を他で体験したことはない。アイドルの現場としては、かなり異色だろうし、エンターテインメント業界全体を眺めても、ここまで徹底しているところはそう多くないはずだ。

ただ、多くのモノノフたちはこれを「当たり前のこと」と思っている。かなり手厚い待遇を受けているのに、そのありがたみをわかっていない人が多いのは、少し残念な気がしないでもないが、それは運営サイドがこれらのサービスをあまりにもサラッと提供し、それを当然のように継続しているからだと思う。

さて、このように危機管理への「備えが徹底している」ももクロの運営だが、それが活用されてはじめて危機管理ができていることになる。たとえ救護室が用意されていても、コンサートの真っ最中に体調が悪くなってしまった人が、そこに行けなければ意味がない。

実際、観客としてコンサートの途中で救護室へ行くのは容易ではない。周りのお客さんに少なからず迷惑をかけるし、誰に声をかけたらいいのか、どこへ行けばいいのかわからない。場内には係員がたくさんいるが、事情がわからないアルバイトも多いはず。そう思うと、なかなか声をかけにくい。

ただ、体調が悪いのに、そうやって躊躇していると、どんどん状態が悪くなってしまう。熱中症の場合、自覚することなく、急に症状が悪化することも多いので、特に注意が必要だ。

早めに救護室に行っていれば……。楽しみにしていたコンサートだからこそ、そんなケースが起こりやすくなる。

「現場力」――立っている者はプロデューサーでも使え

そんな状況を引き起こさないようにと、数年前から導入されたのが非常に変わった「スタッフTシャツ」だ。

スタッフTシャツといえば、普通はファン向けにも市販されている「ツアーTシャツ」のデザイン違い（色違い）のものを使っているケースが多い。ももクロの場合も、かつてはそうだった。

ももクロの運営が導入したスタッフTシャツは、ビビッドなオレンジ色の生地に、『体調がすぐれない方はお声がけください。救護室にご案内します』とわかりやすく、大きく書かれている。これを全員が着用しているのだ。

その文言は背中にもプリントされているので、ちょっとした「サンドウィッチマン状態」なのだが、コンサート中、客席の灯りが落とされて薄暗くなってもオレンジのTシャツは非常に目につく。この色はメンバーカラーと被っていないので、観客がこの色を着用していないのも目立つ理由だ。

声をかければ、ダイレクトに救護室に案内してくれるスタッフが、たくさんいるのが一目瞭然だから、安心感は抜群だ。もしもスタッフに声をかけていれば、周りのお客さんも「体調が悪いのか」とすぐにわかるから、迷惑をかけることも最低限で済むだろう。なにより症状が軽い状況で対処できる可能性が高まる。

このTシャツを着ている人の姿を見るだけで「あぁ、なにかあっても安心だな」と思える。それによって、少しは体調不良になってしまう人の数を減らす効果を期待できるのではないか、と思うほどである。

マネージャー陣をはじめとして、ももクロの運営チームはみんなこのTシャツを着ており、コンサート中は会場の中を巡回している。だから、なかなか見つからない、ということはない。周りのお客さんが異変に気づいて、スタッフに声をかけてくれる、といったことにもつながるかもしれない。

このためのスタッフを配置するのではなく、会場内の配置や導線を熟知している現場スタッフが、他の業務をしながら、このTシャツを着ている、というのがミソ。

もちろん、マネージャーにしてプロデューサーの川上アキラも当たり前のようにこのTシャツを着て、会場内を歩く。

「立っている者はプロデューサーでも使え」とは言うが、他の現場ではなかなかできないこと。しかし、ももクロの現場では、プロデューサー自身が率先してやっているのだから、気を遣う必要などない。

これぞ究極の「現場力」だ！

あるとき、ももクロのコンサートを見ていた大物アーティストがこのTシャツに感銘を受け、なぜかプライベートでも着用していることをSNSで発信して、話題になったことがある。

それだけ他に類を見ない話であり、だからといってすぐに真似ができる行為ではない。現場の人間全員が『お客さんファースト』の精神を共有し、みずからの仕事が増えてしまうかもしれない、ということを飲みこまなくては、とてもこのTシャツに袖を通すことはできない。長年、こうやって現場を運営してきたからこそできる究極の顧客サービスなのである。

唯一、心配だったのはスタッフが倒れないかどうかだったが、確認してみたところ、このTシャツを着ていたスタッフはひとりも倒れていない、とのこと。「本末転倒」にはなっていなかった！

［ももクロ春夏秋冬ビジネス学］㉓

ブレない力が本当に実現させる「4年後の約束」

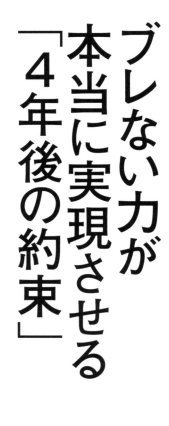

来日している外国人たちを上手に誘導？

2019年の夏コンサートで驚かされたのは、早くも来年のスケジュールが発表されたことだった。

このタイミングで2020年の『春の一大事』の開催地が発表されるのも、例年に比べたらかなり早いのだが、さらに『ももクロ夏のバカ騒ぎ』の日程と会場までスクリーンで告知されて、ファンを唖然とさせた。

2020年は8月1日（土）、2日（日）の両日、西武ドームにて開催される。

この日は週末とあって、東京オリンピックの主要種目が目白押しで、過去にももクロがコンサートを行ってきた日産スタジアム、味の素スタジアム、さいたまスーパーアリーナ、日本武道館、両国国技館、幕張メッセ、東京国際フォーラムは軒並み競技開催のために埋まっている。

そういう状況なので、早い段階で夏のイベントを諦めてしまったり、秋以降にスライドすることを考えている人たちが大多数なのだが、運よく西武ドームは空いていたのだ（その日、野球は横浜スタジアムで開催される）。

観客はまさか1年後のスケジュールが発表されるとは思ってもいなかったので、まずそこに驚き、その会場というのが、いま自分が立っている西武ドームであることに二度、驚き、東京オリンピックの真っ最中であることに気づいたときには、もう唖然とするしかなかった。

久々にももクロの「非常識」の極みを見た。

2012年から、なにかにつけて西武ドームを使用しつづけ、メンバーに「ウチらのホーム」とまで言われるほどの関係性を築いてきた。その会場が空いている、となったら、そこを使わない理由はないだろう(実際、前述したように他の選択肢はほぼ潰されてしまっている状況だった)。

わざわざ1年前に発表したのは、例年と比べると、各段に予約しにくくなるであろう首都圏の宿泊施設などの状況を鑑《かんが》みてのこと。地方から遠征予定のファンのことを考えたら、ここで発表するのがベストだった。

3年間かけて、東京オリンピックを「勝手に応援」してきたももクロが、まさか、その真裏でビッグマッチを開催するとは……と驚くモノノフもいたようだが、なにも邪魔をするわけではないし、東京がこれまでにない空気感に包まれる中で、大きなコンサートを開催することで、どんなことになるのか? という部分では、もはや深い興味しかない(ちなみにこの2日間は開会式にも閉会式にもひっかからない唯一の週末なので、もしお声がかかったとしても対応はできる……はずだ）。

かねてから「２０２０年は海外からたくさんのお客さんが東京にやってくる。その人たちをターゲットにしたライブができたら面白いかも」と、ももクロの運営チームはひとつのビジネスチャンスとして捉えており、リーダーの百田夏菜子も「いっそのこと路上ライブでもやっちゃう？」とニコニコしながら提案していた。

どこまで本気なのかわからないが、マネージャーの川上アキラは「とんでもない数の外国人の方が日本にいるわけじゃないですか？　なんか『あれっ、間違って西武ドームに来ちゃったけど、ここでは競技をやってないの？』みたいな状況になるような誘導の仕方はないかなぁ～、と考えているんですよ。その方法は見つかってないけど、そう考えるだけでわくわくするじゃないですか」と語る。

会場の設営や警備などで人手不足になってしまうんじゃないか、と心配になってしまうが、なんとすでにすべて手配済み、とのことだから恐れ入《い》る。

２０１６年から「２０２０年には『夏のバカ騒ぎ』をやりたい」と内部では公言し、２０１７年には遠回しな表現ではあるが、その開催を予告してきたが、それが本当に現実のものになろうとは……。ももクロの「ブレない力」は、アイドルとしては異例の「４年後の約束」をしっかりと現実のものにしようとしている。

やはり非常識な『裏切り』の法則

あえてマニア心を裏切る冒険と実験を繰り返す

2019

［ももクロ春夏秋冬ビジネス学］ 24

「秋の二大祭り」を新規ファンと女性ファン拡大の転機にする

ももクロにはすべてのライブを「全通」したTOは存在しない

春・夏・冬には必ず決まった大きなコンサートがあり、それが実質、2010年から連綿《れんめん》と続いているももクロだが、秋に関しては「コレ！」というビッグイベントは存在しない。たしかに、もう1本、大きなコンサートを秋の定例にしてしまうと、かなり忙しいことになってしまう。

春と夏のビッグマッチはだいだい3カ月ちょっと間隔が空いている。

夏と冬のあいだも4カ月ほど期間が空く。

準備期間やリハーサルなどを考えた場合、これぐらいのペースでなければ、もうコンサートだけで1年間が終わってしまう。

1本でも多くコンサートを見たいファンにとっては「それでもいいからやってよ！」となるのかもしれないが、ライブにこだわってここまでやってきたももクロが、ライブに忙殺されるようになったら本末転倒だし、結果的に彼女たちをムダに消費してしまうことになる。

それならば、秋（9月〜11月）の期間は定例コンサートを入れずに、ある程度、自由が利くようにしておいたほうが得策だろう。

とはいえ、２０１１年の時点では秋のプランも存在した。

それが『男祭り』と『女祭り』。当初の発表の時点では「ももクロ秋の二大祭り」という煽《あお》りがあったので、そのまま定番化させたい意図があったと思われる。

一応、説明しておくと、文字通り『男祭り』は男性客限定ライブ、『女祭り』は女性ファン限定ライブということになる。２０１１年の時点では小さなライブハウスでの開催ではあったが、まだ男性ファンが圧倒的に多い時代で「男祭りといっても、いつもの客層と変わらないじゃないか」「女祭りなんてやっても客が集まらないのでは？」という声が飛び交いまくった。

結果的にはどちらも大盛況で終わるのだが、このイベントでもももクロを巡る状況は変わり始めることになる。

アイドルの世界には「古参《こさん》」「ＴＯ」という言葉がある。

古参とは読んで字のとおり、古くから応援しているファンのことで、ファン歴が長ければ長いほど偉い、という風潮があった。ＴＯとは「トップヲタ」の略語で、メンバーからも古参からも認知されたナンバーワンのファン、ということになる。

もちろん、無名時代から応援してくれるファンはありがたい存在だし、これからも応援しつづけてもらえれば、それにこしたことはない。

ただ、それで変なヒエラルキーがファンの中でできてしまい、ファン歴や観戦回数の多さでマウントを取るような状態になるのは、あまり好ましいことではない。なによりも新規ファンが入ってきづらい現場になってしまう。

はたして、そこまでのことを運営サイドが考えていたかどうかは不明である。僕もこの段階では、まだ公式記者として仕事を始めておらず、一ファンとして会場に足を運んでいる立場だったので、裏事情まではわからない。

しかしながら、当時は僕も「可能な限り、すべてのライブに行きたい！」と妙なコンプリート欲を持っていた。これはすべてのジャンルのヲタクに言えることで、いわゆる「コレクター癖」がアイドルでは「コンプリート欲」に変換される。

それが「女祭り」が発表されたことで「あぁ、もうすべてのライブを制覇することはできないんだ」と諦観した。あの瞬間、どんなにももクロが好きでも「すべてのライブを全通した」という猛者《もさ》は存在し得なくなったのだ。これにより新規ファンが入ってきやすい土壌ができたのは事実だし、『女祭り』がきっかけで女性ファンも足を運びやすくなった。

アイドルとファンの関係がなにかと問われる昨今だが、ももクロに関しては、かなり早い段階でそういう問題が起きない環境ができていたのだ。

「ももクロ春夏秋冬ビジネス学」25

女と男……「祭りの平等」は律儀なまでに

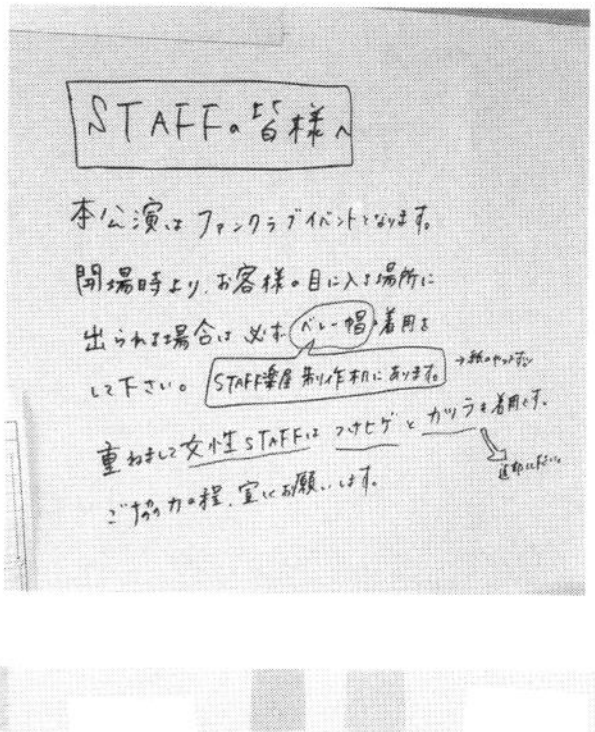
STAFFの皆様へ
本公演はファンクラブイベントとなります。
開場時より、お客様の目に入る場所に
出られる場合は必ずベレー帽着用を
して下さい。STAFF楽屋制作机にあります。
重ねまして女性STAFFはつけヒゲとカツラも着用です。
ご協力の程、宜しくお願いします。

武道館は初公演から「縛りあり」の非常識

運営チームは昔から「ウチは女性と子供を優遇しますよ」と公言してきた。いまでもオールスタンディングのイベントだと、女性限定エリアを設けるのはもちろんのこと、明らかに見えにくいであろう子供や背の低い女性の方を見かけると、スタッフがもっと見えやすい場所に誘導したりしている。

「ズルい」という声が出かねないが、これがももクロの現場における「常識」だ。それは、長年、その姿勢を貫いてきたことで、誰もが「それは当たり前」と認識するようになった。

「非常識は一日にしてならず」である。

ところが『男祭り』と『女祭り』に関しては、なんとも不思議なバランス感覚で平等が保たれていた。

2012年は一気に会場が大きくなり、それぞれ日本武道館で開催。先に『女祭り』が行われたため、それがももクロにとって初の武道館公演となった。アイドルにとってひとつの到達点「武道館初公演」を、そんな形でやってしまったのはアイドル業界的には非常識の極みだが、もっとすごいのは、それ以降もももクロは、なにかひとつは「縛り」がある限定ライブしか行っておらず、いまだに普通の形式での武道館単独ライブは一度もやっていないことだ。

２０１３年は秋にツアーが入ってしまったため休止。２０１４年は大阪城ホールで『女祭り』が復活し、２０１５年には大宰府政庁跡にて『男祭り』が厳かに行われた。

以降、しばらくのあいだ、このイベントは行われていなかったのだが、２０１８年にファンクラブイベントのひとつとして『女祭り』を４年ぶりに開催（プロデュースはメンバーの佐々木彩夏が務めた）。

そして２０１９年には同じく４年ぶりに『男祭り』がこちらもファンクラブイベントとして大阪城ホールで行われている。

ここまで読んでいただければおわかりのように、このふたつのイベントは同じ間隔をあけて、しっかりと順序よく行われている。

つまり、開催された回数もぴったり同じになるわけで、これは偶然でもなんでもなく、しっかりと計算されたものだ。

実際にトークイベントなどでファンから「来年もまた『男祭り』をやってください」といった質問が飛ぶと、マネージャーの川上アキラが「来年はないね。次は『女祭り』

の順番だから」と明確に答えているシーンを何度となく目撃している。ここはかなり律儀に、意識的に「平等」にしているようだ。

しかしスタッフは楽しんでばかりはいられない。どちらのイベントも観客には「限定」が厳しく課せられるが、スタッフは人数的な関係もあって、限定することはできない。そこで『女祭り』に男性スタッフが関わる場合、客席から見える位置にいる者は「頭に大きなリボンを付けるｏｒスカート着用」が義務付けられ、逆に『男祭り』では女性スタッフに「つけヒゲとカツラ（時代劇のようなちょんまげなど）」の着用が徹底された。

さすがに若いスタッフは恥ずかしそうにしているが、長年、ももクロに関わっている面々は「そりゃ、そうだよね。そうじゃなくちゃおかしいよ」という感覚で当たり前のようにやっている。これもまた「ももクロの常識は世間の非常識」となるのだが、そこまで徹底できないなら、お客さんに失礼、という「お客さんファースト」の精神がしっかりと流れている。

［ももクロ春夏秋冬ビジネス学］26

FCイベントではひとりの例外もなく「純白のベレー帽」を被る

老若男女が「平等」に受ける恥ずかしさ

ももいろクローバーZのファンクラブ『ANGEL EYES』に入会すると、あるものが送られてくる。

ひとつは会員証。

なんの変哲もない特典に思われるかもしれないが、これがIC内蔵になっているため、コンサートやイベント会場の一角に設けられたファンクラブブースに行けば、カードをピッとかざすだけで抽選会に参加できる。

大きなコンサートになると、1等が「コンサートの最前列チケット」など、めったに入手できない激レアすぎる豪華賞品になったりもするが、とりあえず参加すれば、なにかしらの賞品が得られる。シールだったり、待ち受け画像などのデジタル特典の場合もあったりするが、とにかくファンクラブに入っていれば、ライブのたびになんらかのお土産を持って帰ることができるのだ。

基本的にももクロのコンサートでは「顔認証」での入場となるので、自分の顔写真を事前に登録しておく必要があり、入場時にはIC会員証が必須となる（こちらも詳しくは前作『ももクロ非常識ビジネス学』を参照のこと）。なので、ファンクラブ会員であれば、必ず会員証を持って会場に来ているわけで「会員証を忘れたから抽選会に参加できない」というケースは皆無に等しい。

もうひとつ送られてくるのが「ホワイトベレー」である。

ファンクラブのロゴが入った、純白のベレー帽。それがピンク色の封筒で送られてきたときには「?」となったが、実はこれもまた、会員証と同様にイベント参加には欠かせないアイテムになるときが年に1度は必ずやってくる。

ファンクラブ会員の特典として、年に1度の「ファンクラブイベント」がある。会員しか入場できないだけでなく、基本的にこのイベントは映像ソフト化されることもなければ、配信すらされないので、どうしても見たかったら、もうファンクラブに入会するしかない。

そのイベントに必要となってくるのが「ホワイトベレー」なのだ。

なぜならば、ファンクラブイベントには「ホワイトベレー着用」が義務付けられているから、である。

こういったイベントでの「義務」はうやむやにされてしまうケースが多いのだが、ファンクラブイベントでは厳重なチェックが入る。もし、入場時にベレー帽を提示できなかったら、会場内の売店で紙製のホワイトベレー(よく子供のころ、新聞紙を折ってつくった箱のようなもの）を50円で購入し、それを被ってイベントに参加するように誘導される。

さらに開演時間が近づくと、スタッフが会場内を巡回し、ホワイトベレーを被っていない観客に「いますぐ被ってください」と注意を促す。もっとも油断しているであろうメンバーの親御さんのところにもやってきて、その場で被らせる、という徹底ぶり。もちろんスタッフや警備員も全員、被っており、会場内にいる人はすべてベレー帽を着用している、という異様な空間が広がるのだ。

その光景をステージから眺めて「すごいねぇ〜」と笑っているももクロも、衣装のどこかにホワイトベレーをモチーフにしたものがついているため、メンバーも含めて「全員着用」は守られていることになる。

ファンの中には「あんなに恥ずかしい格好をするぐらいならイベントに行かない」という人もいるようだが、この「バカバカしさ＝非常識さ」を楽しめないのなら、「ももクロを心から楽しむことができなくて損をするよ」と言われているようなものだ（実際、ファンクラブ会員の特典を放棄した時点で損をしている）。バカバカしさを徹底し、そこには例外を許さない、というある種の「平等」ぶりが、ももクロ流エンターテインメントの根底には流れている。

［ももクロ春夏秋冬ビジネス学］27

チケット代は安くても「量」より「質」を追求しつづける

✱学生のための「激安料金」というファンサービス

先述したとおり、「男祭り」や「女祭り」でスタッフが仮装を強制させられているのは、「お客さんもみんな恥ずかしい思いをしているんだから、スタッフが率先してバカにならないと失礼だ」という独特なサービス精神から来ているものである。

通常のコンサートでは、こんなことはやらないので、一般のお客さんにはぜひ、安心して足を運んでいただきたいが、よりディープに楽しむためには「バカになれるスイッチ」をひとつ用意してもらったほうが便利。それがホワイトベレーなのだ。

ファンクラブイベントでは、まず「ホワイトベレー着用」というルールがあるが、それ以外にも、たくさんの「縛り」や「限定」がある。

2018年なら「若者に優しいイベント」。

これは学生のみ入場可能で、ライブではなく、あくまでもイベントなので何曲も歌うわけではなく、トークコーナーがメインとなった。その代わり、入場料金は2000円という破格値になっている。

お小遣いが少ない学生さんたちに、なんとかしてイベントを見てもらえないか、というところから立案された企画だが、そもそもファンクラブ限定イベントというのは、こういったファンミーティング的なものを指すことが多い。普段のコンサートでは見られない素の表情や、アットホームなムードを味わえるのは、まさにファンクラブならではの特典である。

しかし、ももクロの場合、ライブの面白さでファン層を拡大してきた、という歴史があり、ファンクラブ特典としてイベントをスタートさせたのも、当時はチケット争奪戦が激しく「ファンクラブに入っているのに、1回もチケットが当たらない」という声が会員から挙がったため、「それならば会員は必ず年に1回はライブを見られるようにしよう」という運営の考えがあったからだ。

そういった側面があるので、がっつりとライブをやる、というのが定番化してしまったが、本来であれば、これはもう「サービス過多」なのである。

僕は過去に数多《あまた》のアイドルのファンクラブに加入してきたし、いまでも仕事上、複数のファンクラブに入っているが、ここまで手厚いファンサービスをしてくれるところはなかなかない。

何度も書くようだが、ももクロのファンの場合、ももクロではじめてアイドルを好きになった、という客層が多いため、他のファンクラブと比較することもできないから、なにかというと「サービスが悪い」と叩かれてしまいがちだが、わざわざ大きな箱を押さえて、通常よりも安いチケット代でイベントを提供してくれるだけでも贅沢な話。ファンクラブイベントだろうと、通常のイベントだろうと、会場使用料やイベント開催にかかる費用は変わらないわけで、それを安価で提供することはなによりのサービスである。

この「若者に優しいイベント」でも「そんなケチなことを言わないで、がっつりライブを見せてあげろよ」という声が若者ではない層から出た。他の回（『ガッツリライブ』『30代限定ライブ』『佐々木彩夏仕切りの女祭り』）が超満員だったのに、このイベントだけ空席ができてしまったので、そういう嫌味も出たのだろうが、ご承知の通り、ももクロはライブを「生歌」で提供している。

生歌でライブをやるとなると、事前のボイストレーニングやリハーサルにも時間をかけなくてはならず、そこにこだわってしまうと、１日で何回も公演をするのは不可能、ということになってしまう。

そこでイベントの時間と曲数は削ることにして、「入場料を格安にする」というサービスを強化した。もし、時間や曲数を増やしていたら、この日の公演は「２回が限界だった」と関係者も証言している。たとえファンクラブイベントでも「量」より「質」を最優先する。これがももクロのファンサービス、なのである。

［ももクロ春夏秋冬ビジネス学］㉘

なぜ玉井詩織は「禁断の言葉」を口にしたのか？

「模範解答」からは遠くてもファンにとってはうれしい言葉

前項で触れた「若者に優しいイベント」では、観客からメンバーに悩み事を相談する、というコーナーが設けられた。

ももクロのメンバーは全員が20代。最年少の佐々木彩夏でさえ、学生生活を送っていたとしたら、もう大学を卒業する年齢になっており、客席に学生しかいないこのイベントでは、たしかに「頼れるお姉さん」的存在だ、と言っていい。

そこで学生の女の子から、なんとも悩ましい質問が飛んだ。

「ももクロのコンサートに行きたいので、一生懸命、アルバイトをしてお金を貯めています。でも、そうするとバイトをする時間は遊べないし、コンサートのチケットやグッズを買うとお金も残らないので、お友達と遊べなくなってしまいます。どうすればいいでしょうか？」

学生にとっては非常に切実な問題である。

とはいえ、アーティストの立場からすれば、コンサートにお客さんが来てくれなくなってしまうのは死活問題。模範解答としては「お友達をモノノフにしてしまえば、一緒にコンサートにも来れるし、楽しいよ」というコメントになるのだろう。

しかし、ももクロのメンバーは「それはもう学生生活を優先すべきだ！」と声を揃えたのでびっくりした。

たしかに学生生活は卒業してしまったら、もう味わえない。

実際にそれを体感してきたメンバーたちは「卒業して学割が利かなくなると、映画を観るとき、地味に痛い」などといった「あるあるトーク」で盛り上がったのだが、質問者としては、これで解決とはならない。

友達と遊ぶ時間が増えても、ももクロのコンサートに行けなくなったら、やっぱりつらい、と言う。

この難問に玉井詩織は、こう答えた。

「大丈夫だよ。あなたが社会人になって（自分で稼いだお金を遣って）コンサートに来られるようになるまで、ウチら活動しているから！」

それまでは学生生活を思う存分、楽しんでちょうだい、と言っているわけで、表現を変えれば「あと数年は私たちのライブに来なくてもいいから、学生生活を楽しんでね」ということになる。

ステージに立つ人間として、ある意味、タブーを口にしたようなものなのだ。しかし、質問者だけでなく、他の観客も感銘を受けたのか、いつしか大きな拍手が自然発生し、会場を包みこんだ。

悩みに悩んだ末に捻りだした奇策でもなければ、冗談半分で口にした言葉でもない。ほぼ即答でこの言葉が出てきた、ということは、普段から「これから先、何年も活動していこう」という意志がメンバー内で統一されていることを意味する。そのことがファンにとっては、なによりもうれしかったようだ。

もしステージ上に司会者がいたり、マネージャーが仕切っていたりしたら、さすがに「おい、来なくていい、とか言っちゃったらダメだろう」とツッコミが入っただろうが、なんとこのトークイベント、メンバーが司会役も兼任し、4人だけで回していたのだ（もっといえばマネージャーの川上アキラは妹分グループのイベントに立ち会うため、この回には姿すら見せていない）。

チケット代を安く抑えたイベントが開催できるのは、彼女たちが司会も進行役もすべて自分たちでできる、というスキルがあってこそだった。

外野からは「もっと歌ってあげろよ」などと言われたイベントだったが、参加した学生たちからは「いや、もっとたくさん質問コーナーが見たかった！」という声すら挙がった。本音を正直に話して、それが観客の心に刺さることも、立派なファンサービスのひとつである。

［ももクロ春夏秋冬ビジネス学］29

アイドルの概念を根底から覆してマーケットを拡大する

✦「圏外」だった客層にも先行投資が可能に

玉井詩織の発言から、「ももクロはまだまだこれからも活動を続けていく」という強い意志を感じとっていただけたかと思うが、もうすぐ20代中盤を迎える彼女たちがそういった発言をする、ということは、イコール「30歳を過ぎてもアイドルでいつづける」という意思表示でもある。

アイドルというのは10代から20代前半までの「青春」を燃やし尽くして生きること、というのがこれまでの業界の「常識」であり、ファンも応援しているアイドルがある程度の年齢になったら、シレッと若くて歴史も浅いアイドルに乗り換える、というのが当たり前のサイクルになっていた。

そんな常識をももクロはひとつひとつ、ぶち壊しながら活動をしている。

後述するが、２０１９年の秋は「毎週、フェスに参戦する」という挑戦を仕掛けていき、結果、新しいファンを獲得することに成功した。

20代中盤を迎え、結成から10年以上を経過したアイドルグループが、いまだに毎夏、数万人を動員する２ＤＡＹＳ公演を開催できている、というのは、それだけでも驚異的なことなのだが、「いまだに新規ファンを獲得できる」という事実も、いままでの常識ではあり得ない……というか、ちょっと考えられない事象である。

これは早い段階から「長く活動する」「メンバーが結婚しても続けられるグループ」という方向性をメンバーも含めて共有してきたからこそ達成できる現象。冗談抜きで15周年、20周年というメモリアルイヤーが現実味を帯びてきている（一部であるが、すでに２０２１年までのスケジュールも明かされているので、13周年まで到達することは、すでに確定している）。

『男祭り』や『女祭り』の流れを汲む『子供祭り』や『親子祭り』が開催されるようになったのも、そういった近未来を見据えてのこと、である。

当初『子供祭り』は古き佳きテレビ番組の公開録画を再現する、というのが主テーマで、歌あり、コントあり、ゲームあり、といった構成のバラエティーショーを、なんと加藤茶さんをゲストに迎えて開催している。

それが時を経て、ももクロの歌と踊りを子供たちにわかりやすい形で伝える、というテイストに変化。いつしか『ちびまる子ちゃん』『クレヨンしんちゃん』『かいけつゾロリ』『しまじろう』という子供向けアニメ（劇場版を含む）の主題歌を担当するようになるなど、実績もついてきた。

現在では「ももくろちゃんZ」名義で知育番組を持ち、リアルな「歌のお姉さん」

としても活動している。そういった活動を通じて、ももクロを知った子供たちが「一度、会いたい！」と思ったときの受け皿が『子供祭り』や『親子祭り』。ここ数年は全国ツアーなどでスケジュールが詰まっているため、なかなか開催できないでいるが(それでも47都道府県ツアーでは、サブアリーナが使える会場では、コンサートの前に親子を募って、知育番組の公開収録ができないか？　と真剣に検討していた、という)、通常のコンサートでも『ファミリー席』を設けて、気軽に遊びに来られるよう、ハードルをかなり低くしている。

従来、アイドルビジネスにおいては、小学生や幼児はターゲットの範囲外だった。そこまで小さいと、ひとりで握手会に来ることもできないし、その子が大きくなるころには、推しメンバーはおそらく卒業してしまっている。そういった現実を考えた場合、子供をターゲットにしても先行投資にすらならない、というのが当然の経営判断になっていた。

しかし、ももクロの場合、あと10年、活動を続けたとしたら、いまは親に連れられて『子供祭り』や『親子祭り』にやってきている子供たちが、そのころには自分の意志で足を運べるようになる。長いスパンでの活動は、「これまで完全に圏外にあった消費者層をビジネスターゲットにできる」という効果も生みだすのである。

［ももクロ春夏秋冬ビジネス学］30

リスクをとってハイリターンを得た「毎週末フェス参戦」

✱すべてバンド編成の贅沢すぎる「全国ツアー」

2019年秋、ももクロは大きな挑戦をした。

9月6日から10月5日までの1カ月間、毎週、必ずどこかのフェスのステージにあがる、というスケジュールを組んだのだ。

これまでも秋には、さまざまなフェスに参戦してきたが、ここまでの過密スケジュールが組まれたのははじめてのこと。

秋には単独の主催公演を行わない、という方針があったからこそ、1カ月間、週末のスケジュールが空いている、というミラクルが生まれたわけだが（前年はミュージカル公演があったので不可能だった）、それ以前の問題として、毎週のようにフェス側からオファーがなければ、当然ながら、こんなスケジュールは成立しない。

主催者からは、おそらくアイドルとしての集客力も期待されているのだろうが、フェスの看板に泥を塗らないだけの「ステージ力」を持っていることが、これまでのフェスで実証されているからこそ、こんなにも多くのオファーが殺到するわけだ。

いまでこそアイドルがフェスに参加することは当たり前になっているが、ももクロが出始めたころは、まだ「非常識」の範疇にあった。

フェスを汚《けが》すな、と他のバンドのファンからアレルギー反応を露骨に表明されたりもしたが、それを逆手にとった百田夏菜子が「見てから決めろ！　これがアイドルだーっ！」と絶叫してからライブを始め、まったく興味のない層や、アイドルに対して偏見を持っている観客までを惹きつけ、最後は無関心を大歓声に変えてみせる、という離れ業をやってのけたこともあった。

基本的にフェスというのはアウェーの場だ。

裏を返せば、いままで一度も見たことがない人たちにパフォーマンスを見てもらえる、絶好のチャンスでもあるのだ。

昔は無名だったので、すべてがチャンスに変わったが、知名度が高くなった今となっては下手なパフォーマンスをしたら「なんだ、この程度か」とそっぽを向かれてしまうリスクも伴うことになる。

それを考えたら、無理に参戦する必要などないのだが、ももクロはあえて「まだ見たことのない人たちに見てもらおう、知ってもらおう、楽しんでもらおう」という可能性にかけた。年末には大きなコンサートが大阪城ホールとさいたまスーパーアリーナで控えているので、フェスで「今度はコンサートに行ってみたい」と思ってくれた人たちを、その熱も冷めやらぬタイミングでコンサート会場へと誘導できる。まさに季節を理想的にまたぐ戦略である。

しかも、「今年はすべてのフェスにバンド編成で参戦する」という大胆な施策をとってみせた。

もっとも、これは計画性のあるものではなく、春にバンド編成でフェスに参戦したとき、そのステージングと観客の反応を見たマネージャーの川上アキラが「これだ！」という手応えを感じたため、「秋のフェスはオールバンド編成！」とその場で決めてしまった。まさしく「思いつき」であるが、ライブの現場で閃《ひらめ》いたことは、たいがいは正解である。

ただ、そこからバンドメンバーのスケジュールを押さえる手間や、これまでは必要のなかったバンドメンバーの移動費などを考えたら、普通は閃いても、それを実行に移すまではなかなか話が進まない。

だが、2019年の秋、ももクロはその閃きを実行した。

実質上、バンドメンバーを帯同しての全国ツアー的な趣となったが、西川貴教さんが主宰する『イナズマロックフェス』では本人を差し置いての大トリを任され、泉谷しげるさんが立ち上げた『阿蘇ロックフェス』では、4人がバンドとして演奏にトライするなど、週替わりで変化を見せた。まさに「収穫の秋」がそこにはあった。

［ももクロ春夏秋冬ビジネス学］31

最短で最高の成果を生んだ厳しい稽古の「急がば回れ」

✦正面から向き合ったミュージカル公演は、クチコミで評判が拡大

２０１８年は9月から10月にかけて、初のミュージカル公演『ドゥ・ユ・ワナ・ダンス？』を舞浜のアンフィシアターで敢行した。

これまでも主演舞台の経験はあったが、ミュージカルはまったくの初体験だ。

実はかなり前からオファーはあったそうなのだが、スケジュール的に厳しかったので、何年か話を延ばしてきた、という。

もっと具体的に書けば、公演をするためのスケジュールは確保できるけれども、十分な稽古の時間がキープできないので、ＧＯサインは出せない、という判断が下されていたのだ。

アイドルがミュージカルに挑戦、というのはけっして目新しいものではない。

ミュージカルに限らず「アイドルが挑戦！」という枕詞がつけば「アイドルのやることなので、うまくいかなくても大目に見てくださいね」とか、「あんまり期待しないでくださいね」といった逃げを打つことができる（実際にそういった文言を宣伝に使うような公演も、ほかのアイドルでは過去に存在した）。

だが、ももクロはそういうやり方をヨシとはしない。

中途半端なものを見せるぐらいだったら、やらないほうがマシ、という考え方。これもまたアイドルビジネスとして考えたら「わざわざ、がっつり稽古をする時間があるんだったら、それを他の仕事に充てて、ミュージカルはほどほどにすればいい。時間がもったいないし、効率が悪い」と笑われてしまうバカ正直なやり方だ。

ただ、中途半端なことをやるのは、舞台に対して、共演してくださった方に対して、そして、なによりもお客さんに対して失礼である……というのが、ももクロの基本的な考え方。たしかに目の前の収益だけを考えたら、稽古のためにコンサートもイベントもできない、となると、それだけでもう、数百万、いや数千万円単位で損をしている、というのが常識的な考え方であろう。

でも、だからといって、誰の目から見ても「これはどうなの？」というレベルのものを提供してしまったら、おそらく二度とミュージカルの話は来ないし、さまざまな将来の可能性を潰してしまうことになる。

そこに重点を置いた場合、もはや選択肢は「がっつり稽古をやる」か「最初からやらない」かの二択しかない。

前者を選んだももクロは、共演者としてミュージカルの経験豊富なシルビア・グラブ、そして元・宝塚の妃海風《ひなみふう》さんを迎えた。

バリバリの「ホンモノ」と絡むことで舞台の質は大幅にアップする。と同時に、ステージ上で観客に比べられてしまうわけで、ももクロにとっては逃げ道もなければ、言い訳もできない環境が整うことになる。これはかなり厳しい状況だが、ももクロは真正面から向き合い（稽古場でも圧倒的な歌唱力と演技力に気圧《けお》されまくっていたが……）、初のミュージカル公演を見事に乗りきってみせた。

その成果は、のちのち、コンサートでの「歌を聞かせる」パートで開花することになるのだが、もうひとつのハードルは「主演として興行的に成功させることができるかどうか？」という問題だ。

会場のアンフィシアターは都心からは、やや離れているという立地条件に加え、平日昼の公演も多数、設定されていた。

いかに動員力に定評があるももクロといえども、さすがにすべてが前売りでソールドアウトとはならなかったが、いざ公演が始まるとクチコミを聞いて当日券を買い求める観客が相次いだだけでなく、「こんなに面白いなら、何度でも見たい！」というリピーターを大量に生みだし、結果、平日の昼も毎日、大盛況となった。もし、稽古に時間を割かず、形だけの「アイドルがミュージカルに挑戦」だったら、ここまで興行的な成功は得られなかっただろう。「時間のムダ」が成功を招く好例である。

［ももクロ春夏秋冬ビジネス学］32

『座長・佐々木彩夏』は何を乗り越えどう成長したのか

✷天下の『明治座』で堂々の座長公演

２０１９年の秋は毎週、フェスに参戦していたことはすでに書いたが、前年のミュージカル公演に続く舞台公演がこの年は秋ではなく、夏に実現したから、そういったスケジュールが組めた、という事情があった。

8月17日から明治座での「座長公演」。

近年では『サザエさん』を舞台化するなど、かなり攻めた戦略を打ち出している明治座だが、やはり歴史ある会場で、アイドルにとって（そして、アイドルファンにとっても）なかなか敷居の高い劇場である。

そこで10日間の座長公演（しかもお盆休み明けで、集客が難しい時期でもあった）を任せてもらえる、というのは、アイドルとして10年以上のキャリアを積んできたことが大きな評価を得たことの証明でもある。

しかも、単なる座長公演ではない。

一応「ももクロ一座特別公演」と銘打たれているが、ももクロが座長というわけではない。

あくまでも座長は佐々木彩夏、なのだ。

ここも普通であればリーダーの百田夏菜子を座長にするのが定石なのだが、あえて佐々木彩夏にその大役を任せたのだ。

これまでも何度となく、自身のソロコンサートやももクロのライブで演出も担当してきた佐々木彩夏は、その都度、自身が持つ非凡な才能を見せつけてきた。

彼女が今後、演出家として活動していくのであれば、そのままの路線を突き進んでいけばいいが、あくまでも佐々木彩夏はアイドルであり、「演者」である。もっと言えば、ももいろクローバーZの「一員」だ。

演出家としての手腕は多くの関係者が認めるところだったが、マネージャーの川上アキラは、いささかの不満を抱えていた。

演出家としての力量が突出すればするほど、演者・佐々木彩夏が物足りなく見えてしまう。ソロコンサートでいえば、せっかくの演出を最大限に引き出せていないのではないか、という歯がゆさもあった。

どこかで「演者・佐々木彩夏」が「演出家・佐々木彩夏」を突き破っていかないと、さらなる発展はないし、演者として大きく成長してくれれば、当然のことながら、それはももクロにもフィードバックされるはずだ。

では、具体的にどうしたらいいのか？　というタイミングで明治座での公演の話が持ち上がり、「じゃあ、佐々木彩夏を座長に！」と川上アキラは即決した。

座長というのは、単なる看板ではない。

本当に一座全体を束ねていかなくてはいけないし、同時に「主演」として、第一部のお芝居でも、第二部の歌謡ショーでも重責を担うことになる。

当初は「ミュージカルと比べたら、楽なものになるのでは？」という話もあった。いわゆる大衆演劇テイストを前面に出した舞台にしたい、という意向もあったので、そこだけ切り抜いたら、たしかに「ミュージカルより楽」となるが、結果として、なかなか負担の大きな舞台となり（その詳細は秋の章の次に掲載した本広克行監督との対談をお読みいただきたい）、さらに初体験の殺陣《たて》の稽古で悪戦苦闘することにもなるのだが、逆にこれぐらいの試練を乗り越えなければ、10年以上のキャリアを重ねてきた演者が、さらなる成長を遂げるのは難しいのかもしれない。

なにをもって「乗り越えた」、「成長した」という判断を下せるのかはわからない。おそらく、その答えはこれから出てくるものだろうが、とにもかくにも千穐楽《せんしゅうらく》を迎えたその日に、「2021年も明治座公演決定！」という吉報が飛びこんできたのだから、いろいろな意味で大成功だった、という客観的評価は得られたことになる。「挑戦を止めない」という選択肢は、かくも人を育て、かくも人を伸ばすのだ。

［ももクロ春夏秋冬ビジネス学］33

後進たちに成長の機会を与えるトップランナーの「自覚」

✱アイドルとして「還流」できることを考える

現在、メンバーの中では佐々木彩夏が年に1回、横浜アリーナでソロコンサート『AYAKA NATION』を定期開催し、3月には高城れにが同じくソロコンサート『まるごとれにちゃん』を行っている（高城はお笑い芸人の永野氏とのツーマンお笑いライブ『永野と高城。』を3年連続で開催。2019年はまさに秋に行われた）。

ももクロとしての活動をこなしながら、公演の準備をしなくてはいけないので、ソロコンサートを続けていくことも、けっして容易なことではない。

毎年、横浜アリーナを超満員にしてしまう佐々木彩夏は、本当にすごい。現在、それだけの観客動員を誇る女性ソロアイドルは存在しない。ある意味、日本一のソロアイドルと言っても過言ではない。

一方、高城れには「あえて2000人ぐらいの会場にこだわりたい」と言う。なぜならば、コンサート中に客席をくまなく歩きながら歌いたい、2階席や3階席にも出没して、観客の顔を至近距離で見ながら歌いたい、というこだわりがあるからだ。そして、終演後にはみずからが会場の出口に立って、全員をハイタッチでお見送りするという彼女なりの感謝の意を表したいという。そのためには、それくらいのキャパシティーが限界になってしまうわけだ。

結果、落選するファンがたくさん出てしまうのだが、それに心を痛めた高城れには、2019年は神奈川と福島で、2020年は大阪、名古屋、川崎と巡るツアー形式で、よりたくさんの人が当たりやすく、しかも、さまざまな地域に自分から出向くことで、自分の「こだわり」と観客の「欲求」を理想的なバランスで構築しようと奔走《ほんそう》している。

2018年まで、高城れには、自分たちの妹分ユニットをバックダンサーとして積極的に登用してきた。皮肉なことに2019年はツアー形式になってしまったため、スケジュールが合わず、プロのダンサーを招聘したが、彼女的には後輩たちにオファーするつもりだったという。

同様に佐々木彩夏もソロコンサートに後輩アイドルを大量に投入する。

そういう図式を見ると、多くの業界関係者は「自社のアイドルを使えば安上がりだし、経費削減にもつながる」と考えるのだろうが、そういった業界の常識とはまったく関係のないところで、彼女は後輩たちを自分の希望でキャスティングしているのだ。

そこは演出家としても関わっているからこそできることでもあるのだが、単なるバックダンサーとして起用するのではなく、しっかりと個々にキャラクターや役柄をつけた上で、ステージに立っていることに「必然性」を持たせている。

高城もそうだが、自分が着替えで下がっているときや、客席を移動しているときなどは、完全にステージを後輩たちに任せてしまう。こんなチャンスはなかなか訪れるものではない。どれだけのアイドルがそれを理解した上で、ステージに立っているかはわからないが、この経験を糧《かて》にできる子がいれば面白いことになる。

2019年からは、開演前にたくさんのアイドルを集めたフェスを、横浜アリーナ内のサテライト会場で開催するようになった（当然、自社の後輩だけでなく、広く公募している）。

これは「アイドルはもっとキラキラしている存在でなくてはいけないし、少しでも力になれれば」という佐々木彩夏の信念に基づいたものだ。

こうやって自分のソロコンサートが大きな会場で開催できるうちに、いろいろなものをたくさんのアイドルに「還流」しようという考え方。ソロコンサートというと「私が、私が！」となりがちだが、彼女はみずからちょっと脇役に回ろうとさえしていた。

終演後、佐々木彩夏がいつまでも楽屋から出てこないと思ったら、汗を拭く間もなく、この日、参加してくれた全アイドルにお礼をいい、記念撮影をしていたという。アイドル業界全体のことを考え、佐々木彩夏は身を粉《こ》にしていた。

［ももクロ春夏秋冬ビジネス学］34

言葉に頼らず元気と勇気を鼓舞するももクロの「人間力」

✷ひとことも「がんばって！」を言わない彼女たちの「当たり前」

２０１８年の秋、最高震度7という北海道胆振《いぶり》東部地震が発生した。すぐさま「なにか力になれれば」と動き出したももクロチームは、約2カ月後に札幌で無料ライブを開催することを発表した。

いますぐ現地に飛んでも復旧の邪魔になるかもしれない。そうであれば、少し落ち着いたところで北海道を訪れ、ライブを通じて笑顔と元気をお届けしたほうがいいだろう、という判断だ。

こう書くと、ものすごく簡単なように思えるかもしれないが、まずは会場が空いていないと開催できないし、その空き日とももクロのスケジュールが合致しなければ、どうにも動くことができないわけで、「やろう！」という気持ちだけではどうにもならないのだ。

難しいのは、こうやって動いてしまうと、なにか大きな自然災害があったときに「どうして北海道には行ったのに、こっちには来てくれないのか？」という声が挙がってしまうこと。

そう言いたい気持ちもわかるけれども、いま書いたように、さまざまな条件が合致しないことには動けない、というのが現実だ。そのあたりが伝わらないのが、なんとももどかしいが、先々までスケジュールが埋まっているタレントが急に動こうとなったら、まずは条件をひとつひとつクリアしなくてはいけないのだ。

しかも北海道民限定の無料ライブである。

会場使用料、そして札幌までの往復の交通費はすべて、ももクロ側の持ち出し、ということになる。当初は少しでもたくさんのお客さんが入場できるように、2回公演にする、というプランもあったが、スケジュールが調整できず1回公演となった。

そんなに調整が大変だったら、会場使用料と移動費を計算して、その金額をまるまる寄付すればいいじゃないか、という意見もあるかもしれない。

ただ、ももクロは「とにかく現地に行く。地元のファンのみなさんの顔を見る！」ということを最優先した。

僕も同行させてもらったのだが、コンサートを見ていて、ちょっと驚いたのは、最初から最後まで「みんながんばって！」とか「元気を出してね！」といった励ましの言葉をひとことも発しなかったこと。それどころか、このライブがチャリティーを目的にしたものであることすら口にしていない。

すでに地震から2カ月が経過し、札幌には大きな爪痕はもう残っていなかった。そこでわざわざ地震の話を持ち出して、あの日のことを思い出させなくてもいいし「なにも言わなくても気持ちは通じている」と信じているからこそ、こういう形でのライブができたのだ。

よく被災地に行った人たちが「元気づけようと思ったら、逆に元気をもらいました」と言うが、ももクロはこれまでにそういう経験をたくさんしてきた。

メンバーが大人になるにつれ、そういった経験を活かした言動ができるようになり、最善のアクションを自分たちの判断で、しっかりとできるようになった。

そうやって身に着けてきたものだからこそ、これまでの「常識」などに縛られることなど、まったくない。さすがに「それは失礼だ」というときは周りの大人が窘《たしな》めるはずだが、そういった場面に出くわしたことはない。

ちなみにこの日は、地元のテレビ局や新聞社も呼んでいなかった。

翌日、大々的に報道してもられば、この日、ももクロがチャリティー公演を開催したことは広く伝わるのだが、そのために観覧スペースが狭くなってしまうぐらいだったら、ひとりでも多くのお客さんに来てもらったほうがいい――それこそ、いままでの常識だったら「わざわざ北海道まで行ったのにもったいない」となるのだろうが、そんなことはどうでもいい、というのが、ももクロにとっての「当たり前」なのだ。

小島和宏 激論!

映画『踊る大捜査線』シリーズをはじめ、映画・アニメ・演劇など、幅広い分野で多くの名作を生み出してきた本広克行監督。モノノフにとっても、映画『幕が上がる』、ミュージカル『ドゥ・ユ・ワナ・ダンス?』、舞台『ももクロ一座特別公演』でもおなじみですが、パンフレットの内容やSNSにおける発信を巡って、一部からは激しい批判も……。そこで今回は〝アイドルとネタバレ〟をテーマに、本広監督の真意を探るための徹底討論会を実施しました‼

『アイドルファンへのネタバレは是か非か!』

撮影/芹澤裕介

映画・舞台『幕が上がる』、
ミュージカル『ドゥ・ユ・ワナ・ダンス？』、
舞台『ももクロ一座特別公演』

本広克行監督

「誰が、どんな、すごいことをする、というところまで明かさないとお客さんは動かない。それが現在のエンターテインメントの現実なんです」

（本広監督）

もとひろ・かつゆき／1992年にドラマ演出家としてデビュー。『7月7日、晴れ』（1996年）で劇場映画を初監督。『踊る大捜査線 THE MOVIE』（1998年）では社会現象を巻き起こし、続く『踊る大捜査線 THE MOVIE 2 レインボーブリッジを封鎖せよ！』（2003年）は興行収入173億円を記録し、邦画の実写作品における歴代1位の興収記録を打ち立てている。『PSYCHO-PASS サイコパス』（2014年）でアニメ作品の総監督をはじめて手がけるなど、幅広い分野で作品を生み出し、ももいろクローバーZが出演する映画『幕が上がる』（2015年）、ミュージカル『ドゥ・ユ・ワナ・ダンス？』（2018年）、舞台『ももクロ一座特別公演』（2019年）でも高い評価を得た。

「話がわかっていて見る面白さ」ってあるじゃないですか

小島　今回、この本を書くときに『モノノフは異常なまでに〝ネタバレ〟を嫌う』という項を入れようと考えていたんですけど、ちょっと落としどころが見つからないし、「モノノフへの問題提起」として、ぜひ、本広監督にご登場いただこうと、この対談を企画しました！

本広　よろしくお願いします。

小島　2018年にももクロがミュージカル『ドゥ・ユ・ワナ・ダンス？』に主演したときに、本広監督がSNSでいろいろと発信したことが、モノノフから「ネタバレするな！」と叩かれた案件がありまして……。

本広　もともとはモノノフのみなさんが悩んでいたんですよね。ミュージカルははじめてだから、流儀がわからないと。そこで「コンサートのような戦闘服（ライブのグッズなどで全身を固めること）ではなく、もうちょっとドレッシーな感じのジャケットとか着てもいいですよね」みたいなことをアドバイスしました。そうすると、ももクロ警察が……あっ、マネージャーたちのことを僕は「ももクロ警察」って呼ぶんですけど（笑）、「監督、なに、お客さんを誘導してるんですか？」と。

小島　早いですよね、たしかに。監督は開幕してからも「歌の場面ではコールしてもいいですよ」とか、日々、会場の様子を見ては、ミュージカルの見方をレクチャーしている印象でした。

本広　僕は「すごく質問が来るので、そこは言ってあげたほうがいいですよ。ももクロをアイドルファンだけのものにするのではなく、もっと広げていきたいのだったら、そうすべきです。スターになるというのはそういうことだと思いますよ」と言ったら、（マネージャーたちも）「あぁ、なるほど」とわかっていただけて。

小島　ただ、モノノフとしては、やっぱり「ネタバレ」の部分がひっかかったと思うんですよね。

本広　ネタバレというか……なんですかね、「話がわかっていて見る面白さ」ってあるじゃないですか？　歌舞伎とか全部そうなんですけど。

小島　落語もそうですよね。

本広　映画でいえば『男はつらいよ』もそうじゃないですか？　みんな寅さんがフラれるとわかっているけど、「おっ、それでも今回はいくのか？」となって、「あぁ、やっぱりフラれた」とか。それがみんなで笑って泣いて、というエンターテインメントですよね。美しい話をごちゃごちゃやるよりも、「待ってました！」と拍手できるような話のほうがわかりやすい。

パンフの最初のイメージは「プロレスのビッグマッチ」

本広　ネタバレという意味では、「開演前にパンフを見るのはどうなんだろう？」と思うんですよ。

小島　僕は『ドゥ・ユ・ワナ・ダンス？』に知り合いを連れて行ったんですけど、パラパラと開いて、秒で閉じていました（苦笑）。あらすじのページにラストシーン以外のことが、詳細に書かれていましたから。

本広　僕のパンフレットの考え方は「資料」なんですよ。終わってから活字で置いておく資料。僕の映画はパンフレットで全部、ネタをバラすんですよ。これはすべてのプロデューサーが「えーっ⁉」と言うんですけど、のちにブルーレイやＤＶＤが発売されたときに、いろんな資料があったほうがよくないですか？　そう話すとみなさん納得してくれます。昔は「ネタバレ禁止」って帯を巻いてパンフを売っていたりもしたんですけど、僕はもうやめました。

小島　僕みたいなヲタクが好んで観るような映画は、まだそういう傾向が強いですね。封筒に入れて、テープで留められていたり、ちょっとしたＢＯＸに入っていたりして。暗闇で開けて、ビリッといっちゃったら嫌だな、と思うから、上映前には開けない。

本広　でもその分、パンフレットの値段が上がるわけでしょう？　だったらやめようと。子供じゃないんだから、そのあたりは大人の判断に任せましょう。ネタバレが嫌だったら読まなければいいし、ヤバいと思ったら閉じればいい。モノノフのみなさんはなんで開演前に読むんですかね？

小島　そこはちょっと責任を感じる部分もあるんですけど……２０１２年夏の西武ドームから、年に2回、ライブのパンフレットを出すようになって、僕もずっと関わっているんですけど、最初の段階で僕と川上アキラで共有したイメージが「プロレスのビッグマッチのパンフみたいなもの」だったんですね。プロレスのパンフって、始まる前に読むのが当たり前なんですよ。最初のページにスタンプで押されてある「今日のカード」を見ないと、その日のプログラムがわからないし、選手のインタビューもその日の試合の見所について語っているので。

本広　あぁ、そうですよね。

小島　もうひとつ理由があって、ももクロが大きな会場でやるようになって、顔認証が始まったので、お客さんは早めに会場に来るんですよね。そこで、開演までに読んでもらって、ライブに向けて、気持ちを高めて

もらおう、という意図です。

本広　たしかに開場してから待ちが長いし、パンフレットを読んでいる人をよく見ますよね。僕は一緒に行った人と話をしているので、会場では読まないんですけど。

小島　基本的にネタバレ要素がないんですよ。なぜなら締切が早いので、インタビューを収録する段階では、メンバーもコンサートの内容をまったく知らないんです（笑）。ただ、「私はこういう気持ちでコンサートに臨みます、みなさんもそれを知った上で盛り上がってくださいね」と。それがパンフの前半で、後半は完全に資料集です。この半年間のライブ写真と、関わっているクリエイターたちのインタビュー、そして川上アキラの旅日記。ここはもう家に帰ってからゆっくり読んでください、と。

いまの時代、オマージュは解説しておいたほうがいい

本広　なるほど。そこはもう考え方が全く違うのかもしれない。その感覚で『ドゥ・ユ・ワナ・ダンス？』のパンフを開いてしまったら、たしかにびっくりしますよね。でもね、舞台って、しばらくするとほとんど覚えていないんですよ。「あれっ、どういう話だっけ？」となっちゃう。でも、パンフレットにちゃんと内容が書いてあれば、それを読んで「そうだ、そうだ！」と思い出すことができる。それが書かれていないパンフレットは、もう週刊誌みたいなもので、1回読んだら終わりなんですよ。資料価値がない。

小島　だから詳細に内容が書いてあるし、開演前に読んだら、ネタバレの宝庫になってしまう、と。
本広　逆に映画にはプレスリリースというものがあって、そっちのパンフには詳しく書かれていないんですよ。
小島　試写会のときにいただく冊子ですよね。なんであんなにでっかく作るんですか？
本広　インパクトだけですよ（笑）。あと、宣伝になるよう、カバンに入れさせない。
小島　電車内で広告塔になってくれる、と。
本広　ミニシアター系の映画の場合だと、いまはパンフレットもちゃんと編集されていて、評論まで面白い。日本映画の場合、特に『踊る大捜査線』以前は、ちょっとイケメンの男の子とか、かわいい女の子の劇中写真が大きく載っていて、それをクリアファイルに入れて下敷きとして使うみたいな……。僕はそれがすごく嫌で。もう『踊る』くらいからガンガン好きなようにやらせてもらいました。
小島　僕も『踊る』シリーズは全部映画館で観て、パンフも買っていますけど、あぁ、あのシーンはあの映画へのオマージュだったのか、とすべてがわかる仕組みになっていましたよね。そこから映画への興味が広がっていくきっかけにもなりました。
本広　そうなんですよ。『踊る』のあとに、どれだけの人が『天国と地獄』を観て、そこから黒澤映画を観るようになったか。あと『砂の器』もね。いまだに松本清張記念館から、「『砂の器』のコンサートに来ませんか？」と僕のところに連絡が来るぐらいですから。

やっぱりいまの時代、オマージュはちゃんと言って、解説しておいたほうがいいんですよ。そこから、いろいろリンクしてきますから。

小島　そうやって噛み砕いて説明していくとわかりやすいですよね。

ネタバレに対する潔癖さは「純然たるアイドルファン」

小島　そもそも、アイドルファンって、昔からネタバレを極端に嫌うんですよ。僕もアイドル雑誌とかやっているので、そのあたりはすごく敏感になって……だから『ドゥ・ユ・ワナ・ダンス？』のパンフに寄稿させてもらったときも、1ミリもネタバレしないように書いたのに、他のページはネタバレ全開だった……という（笑）。よくモノノフは「俺た

ちはアイドルファンとは違う！」と言うんですけど、ネタバレに対する潔癖さという部分では、純然たるアイドルファンだなって思います。めっちゃ保守的。それもあって『ドゥ・ユ・ワナ・ダンス？』のときに僕は劇場の楽屋で監督に言ったんですよ。あんまりネタバレするのはどうなのかと。そうしたら監督に言われたんですよね。「今の時代、それじゃお客さんは来ない」と。

本広　そうなんですよ。昔は映画でも「なにかが起こる！」とCMで煽れば、お客さんは来てくれた。でも、今はもっと具体的なことを明かさないとお客さんは劇場まで来てくれないんですよ。

小島　『ドゥ・ユ・ワナ・ダンス？』でいえば、「最初に4人とも死んでしまいます」とか、「最後に夏菜子がフライングを披露します」とかいう部分ですよね。

本広　誰が、どんな、すごいことをする、というところまで明かさないとお客さんは動かない。それが現在のエンターテインメントの現実なんですよ。そこまですごいことになっているのだったら、劇場に「確認」しにいこうと。だって、数カ月待てばDVDとかで見ることができるから、そんなに興味がない人は、それまで待ちますよ。

小島　僕もそう言われると、最後に普通のスクリーンで映画を観たのは『幕が上がる』（ももいろクローバーZ主演、2015年公開）だったなと。ここ数年で行ったのはIMAXや4DX。家庭では再現できない環境じゃないと劇場まで行っていないんですよ。鑑賞じゃなくて「体感」しにいっている。

道中をどうドライブするかが芸術・文化の楽しみ方

本広　僕も若いころ、ネタバレは大嫌いでしたよ。『E.T.』のときとかね。友達に「それ以上言うな！」と怒ったり（笑）。でも、頭とケツがわかっていても、その道中をどう楽しむか、ドライブするかっていうのが、たぶん芸術というか文化の楽しみ方なのかなって。『幸福《しあわせ》の黄色いハンカチ』という映画があるじゃないですか？

小島　はい。山田洋次監督の。

本広　あの映画のポスターって、黄色いハンカチがばっちり写っているんですすよ。お客さんはチケットを買う前から、ラストシーンがわかっちゃう。武田鉄矢さんより、桃井かおりさんより、お客さんが先に黄色いハンカチを見ちゃっているんですから。最後に気づくのが（高倉）健さんで、みんな、どうやって健さんが見つけて感動するのかを、文字通り「確認」するんですよね。これこそ日本人が大好きな「待ってました！」ですよ。一度、山田洋次監督にこの話をしたら、「俺はネタバレどうこうを気にするような演出はしてねぇ」と。カッコいいですよね。

小島　たぶん、それは『ドゥ・ユ・ワナ・ダンス？』に来てくれたお客さんがよくわかっているはずです。リピーターがものすごく多かったんですが、2回目からはネタバレした状態で見ているわけですからね。

本広　世界でも日本人は特にそういう楽し

み方が好きみたいですよ。だって日テレで何度ジブリ作品を放送しても、毎回、高視聴率じゃないですか？　だから、アイドルのコンサートのセトリでネタバレがどうこうというのは、言い方は悪いですが、かなりコアすぎる話じゃないか、と僕は思うんですよね。

小島　たしかにコアというか、マニアックな世界ですよね。だからこその良さもあると思うんですけど……。

本広　アイドルに限らず、熱心なファンの人って、徐々に減っていくんですよ。嫌いになるとかではなく、生活環境の変化などで少しずつ抜けていく。「コアなファンの？」と考えてしまったら、それでおしまいなの？」と考えたら、ちょっと寂しいですよね。もっといろんな人たちを取りこんでいかないと、それ以上は伸びないわけで……ネタバレを守りたい人たちを否定するつもりはないですけど、あまり保守的になりすぎると、普通の人は怖くてアイドルのコンサートへ行けなくなりますよ。周りにも強要することで、新しい人が入って来られなくなったら、ももクロのためにならないんじゃないですか？　おじいちゃんやおばあちゃんも連れていける場所にしないといけない。本当に彼女たちのことを思っているなら……ね。

小島　間口を広げましょうと。

本広　ももクロというのは、ももクロを見にくるんじゃなくて、ももクロが起こす「なにかの現象」をファンも確かめに足を運んでいるというかね。そうして高め合うのだろうなと思って。文化を一緒に学んでいるというか……おもしろいですよね、それって。

小島　なるほど。結局は「確認しにいってい る」と。いやぁ、どっちの気持ちもわかるだけに難しいなぁ〜。

ただでさえ大変なのにメンバーから大変さをプラス

小島　今、思い出したんですけど、ももクロの取材を始めるとなったとき、最初に川上アキラから浴びた洗礼が「ネタバレ」だったんですよ。次のコンサートでは、こんなサプライズがありますよとか。僕が「あぁ、聞きたくなかった」という表情を浮かべたら、「ごめんなさい。でも、取材として来てくださるんですよね？」と。仕事で関わるのだったら、その覚悟をしてくださいねということでしょうが、それ以降はなかなか教えてくれないという（苦笑）。ちなみに明治座公演のときもネタバレに対する拒絶反応が強かったです。

本広　明治座はタイトルでわかるじゃないですか？　佐々木彩夏が座長で『姫はくノ一』。「あーりんがお姫様だけど、実は忍者です」とタイトルがすべてを物語っている（苦笑）。

小島　先ほどの監督の理論でいくと、「明治座はチケットが売り切れているんだから、ネタバレで外部の興味を惹く必要はないだろう」という意味での反発なんでしょうけどね。

本広　なるほどなぁ〜。そもそも明治座はもっと軽く考えていたというか、お芝居もコントの延長みたいなものでいいかな、と思っていたんですよ。当初は1時間くらいの予定でしたから。
小島　そうなんですね。じゃあ、かなり尺が伸びたんですか？　第一部のお芝居だけで2時間弱やっていましたもんね。
本広　なんかメンバーのほうが熱を帯びてきて「あれもやりたい」「これもできます」と。逆にこちらが「いや、そんな無理してやらなくても……」っていうくらい、みんながだんだん熱くなっていったんですよ。
小島　ただでさえ大変なのに、メンバーのほうから大変さをプラスしていくという……いい意味で「非常識」だなぁ〜。

ももクロと出会わなかったら この場所には一生来なかった

本広　よく『ももクロに連れていってもらっ

ている』っていう言い方するじゃないですか。

小島　一緒に仕事をする人間はもちろん、モノノフも「ももクロと出会わなかったら、こんな場所には一生、来なかった」「こういう世界に触れることはきっとなかった」みたいなことを言いますよね。

本広　あれ、すごいなと思って。そういう意味でも、僕がももクロからの依頼を受けるとき、なるべくなにかしら新しいものを取り入れているんです。明治座は殺陣なんです。その前の『ドゥ・ユ・ワナ・ダンス？』のはミュージカル。で、その前は映画ですよね。その映画のあとにストレートプレイという、ハードルの高いことをいきなりやらせたんですけど、ファンは確実に連れていかれていますよね。ファンの方に「すごい良かったです」っていまだに感想を言われるんですけど、たぶん心に〝刻まれている〟んですよね。ライブでも実はいいシーンっていうのは、彼女たちのコメントだったりしますよね？

小島　この本のラストにも書いているんですけど、ライブのエンディングの挨拶で珠玉の名言が飛び出すんですよ、たくさん。台本もなく、その場で思いついた言葉なのに。

本広　あれはもう「劇」ですよ。アドリブで話しているんだけど、夏菜子ちゃんは「いま、思っている気持ち」をはっきりと、ちゃんと伝えている。それが伝わったとき、人は感動するのかなと。逆に舞台でセリフを与えても、そこに気持ちがすごく乗るようになった。

陰でトランポリンを練習する姿にアクション監督が涙した

小島　それは明治座でも強く感じました。

本広　明治座のアクション監督は奥住（英明）さんという千葉真一さん直系の方なので、本当に厳しいんですよ。「アイドルだろうがもクロだろうが関係ない！」って、ガンガンやるんですけど、ついていくんですよ、４人が。夏菜子ちゃんはトランポリンが上手くできなくて、じゃあ、もうやらなくていいよと、そのシーンを削ろうとしたら、陰でずっとトランポリンを練習していて、その姿を見たアクション監督が涙した、と。なんてすごい子なんだって。

小島　その苦労を見せずに本番では難なくこなしてしまう。それが彼女たちの持つ「凄み」ですよね。

本広　玉井さんは心配してなかったんですけど、れにちゃん、大丈夫かなって思っていました。そうしたら、彼女、バトントワリングをやっていたでしょ？　そのテクニックが棒術にそのまま応用できて、実はアクションではれにちゃんがいちばん苦戦しなかった。

小島　佐々木さんはアクションが絶対に苦手なのに、よくがんばりましたよね。

本広　いちばん大変なんですよ。セリフも長いし、殺陣もたくさんある。でも、毎日、朝早くから劇場に来て、それにアクションチームも付き合ってくれて。おかげで団結力がすごく強くなって、終わるころには立派な座長になっていましたもんね。

小島　女優さんとしても、すごく成長しましたよね、４人とも。

本広　だってメンバーのほうから「監督、ご相談があります」って言われて。なんだろうと思ったら「ここでこのセリフを言ったら、あとのシーンと上手くつながらなくなるんですけど」と指摘されて、「たしかにそうですね。じゃあ、削りましょう」なんてことが何度もありましたから。本当は、僕だけではなく、いろんな人の演出を受けたほうが面白いと僕は思うんですけど、きっと川上さんはまだその段階ではないと考えているんですよね。もうね、演劇のハードな人たちと組んでも、夏菜子ちゃんや玉井さんは全然、平気ですよ。そのあいだにれにちゃんにはバラエティーのほうを頑張ってもらって、あーりんにはアイ

ドル道を突き詰めてもらえたら……ちゃんと色ができてきましたよね。

若い役者に負荷をかけすぎないリラックスした現場を作ろう

本広　そういう意味では普通の女の子をよくここまで磨いたな、と。これはもう『錬金術』ですよ！　しかも川上さんが精神論も教え込んでいるから、どんなに磨きあげても潰れないの。本当にすごいよなぁ〜。

小島　この本の前作が『ももクロ非常識ビジネス学』というタイトルだったんですけど、非常識と言ったら失礼ですけど、監督の現場にお邪魔するたび、他の現場とは違うなぁと。ピリピリしてないじゃないですか？　ものすごく穏やかな空気が流れていて、それなのに撮影スケジュールが押すこともない。僕たちが取材で見てきたのは、怒声が飛び交い、こちらも物音ひとつ立てられないような空気が漂っている現場が多かったので……。

本広　僕も怒るときにはすごく怒るんですよ。でも、それはスタッフに対してであって、役者さんがいる前ではあまりやらない。僕自身、先輩方から「楽しみながらつくる」という風に育ててもらっているんですよね。20歳そこそこの若造でもガンガン意見が言えて、「お前面白いな」とチャンスをもらえる。うちの組って、歴代の助監督が全員、今は大監督なんですよ。そういう風に育っているし、みんなが僕のその感じを受け継いでいってくれている。

小島　なるほど。じゃあ、どんどん「本広流」

のやり方が、日本の映画界にも広がってきているわけですね。

本広　あと大きな現場になるとね、そこに入ってきた若い役者の声が出なくなるっていう現象もあって。巨大なセットがあちこちに建って、助監督が10人くらいいるとなると、それだけで若い役者に負荷をかけすぎているんですよ。これはよくないと思って、もっとリラックスした現場を作ろうと思いました。ご飯もちゃんとおいしいものを準備する。

小島　そこですよ！　普通のケータリングかなと思ったら、最後に一品、地元の名物がついたりして、これは毎日楽しみだろうなと。

「到達点」じゃない。いくらでも成長していくように思える

本広　昔はそんなこと、あり得なかったですからね。でも、みんな働いているんだから、ちゃんと食べようと。撮影しているとカレーのいい匂いが漂ってくるような、そういう現場にしたいなって。そうすると、ももクロのようなアイドルの子たちが入ってきたときでも緊張せずにやれるし、みんな活き活きして力を発揮できる。若い役者がいきなり現場に来て、そこでおっちゃんたちからたくさんのカメラを向けられて、その前でなにかやらなくちゃいけないなんて緊張するに決まってるじゃないですか！　ももクロちゃんたちも最初はすごく構えていたから、いや、そんなんじゃないよって。僕は彼女たちにイジられるようにして入っていきましたから。

小島　その関係性も面白いな、と。だから

こそ、さっきも話が出ましたけど、演出に関してもメンバーからどんどん意見を出しやすいんでしょうね。
本広　監督によっては、「これは俺の作品だ！」と考える人もいる。そういう監督の現場はピリピリするんだと思いますよ。僕は監督だけが作っているとは思っていないので。よく監督になったら「よーい、スタート！」と言うのが夢でした、と言う人がいますが、僕は言わないですもんね。助監督に言ってもらってカットもかけない。「はい」すら言わない。
小島　なるべく省略して「オッケー」ぐらいです。
小島　ああ、それだ。なんとなく抱いていた違和感の正体！
本広　ももクロの現場だと、川上さんが大事なところでキュッと締めてくれるし（笑）。メンバーの性格をわかっているから、結構キツいことを言ったなと思っても、次の日そのメンバーはもう現場に入るときから表情がキリッと変わっているわけですよ。そうか、こうやって育てるのかと。
小島　ただ怖いとか、厳しいとかじゃないんですよね。
本広　でも、そうやってどんどん成長していっているのに、それがまったく「到達点」じゃない感じがすごいんですよ。まだ行くんだなって感じが常にそこにあるし、ただのアイドルという存在に思えない。なんでだろうと思ったら、それはきっと彼女たちが「そこにいる」からですよね。辞めちゃう気がまったくしないから、いくらでも成長していくように思える。だからでしょうね、きっと。

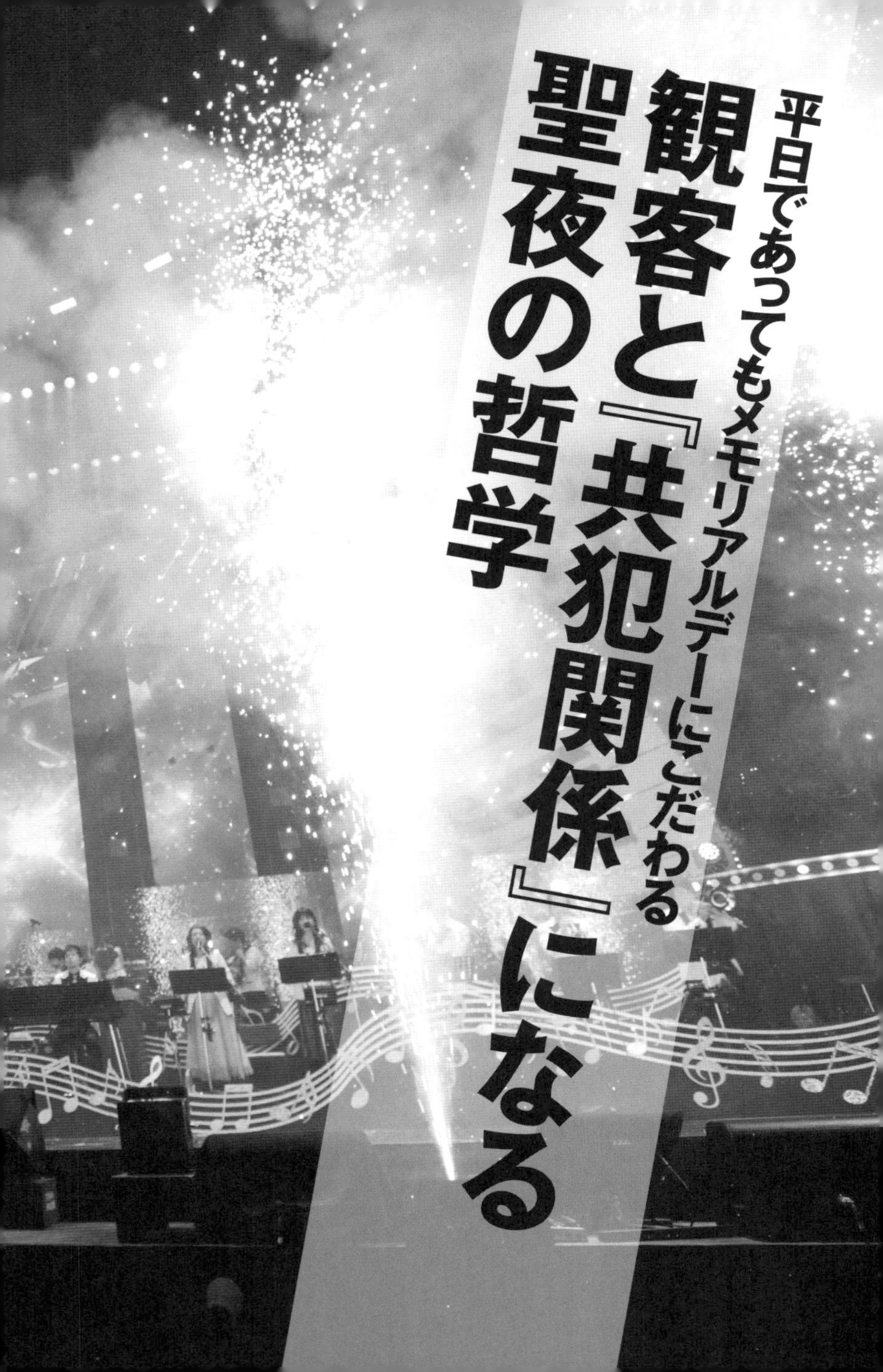

平日であってもメモリアルデーにこだわる

観客と『共犯関係』になる聖夜の哲学

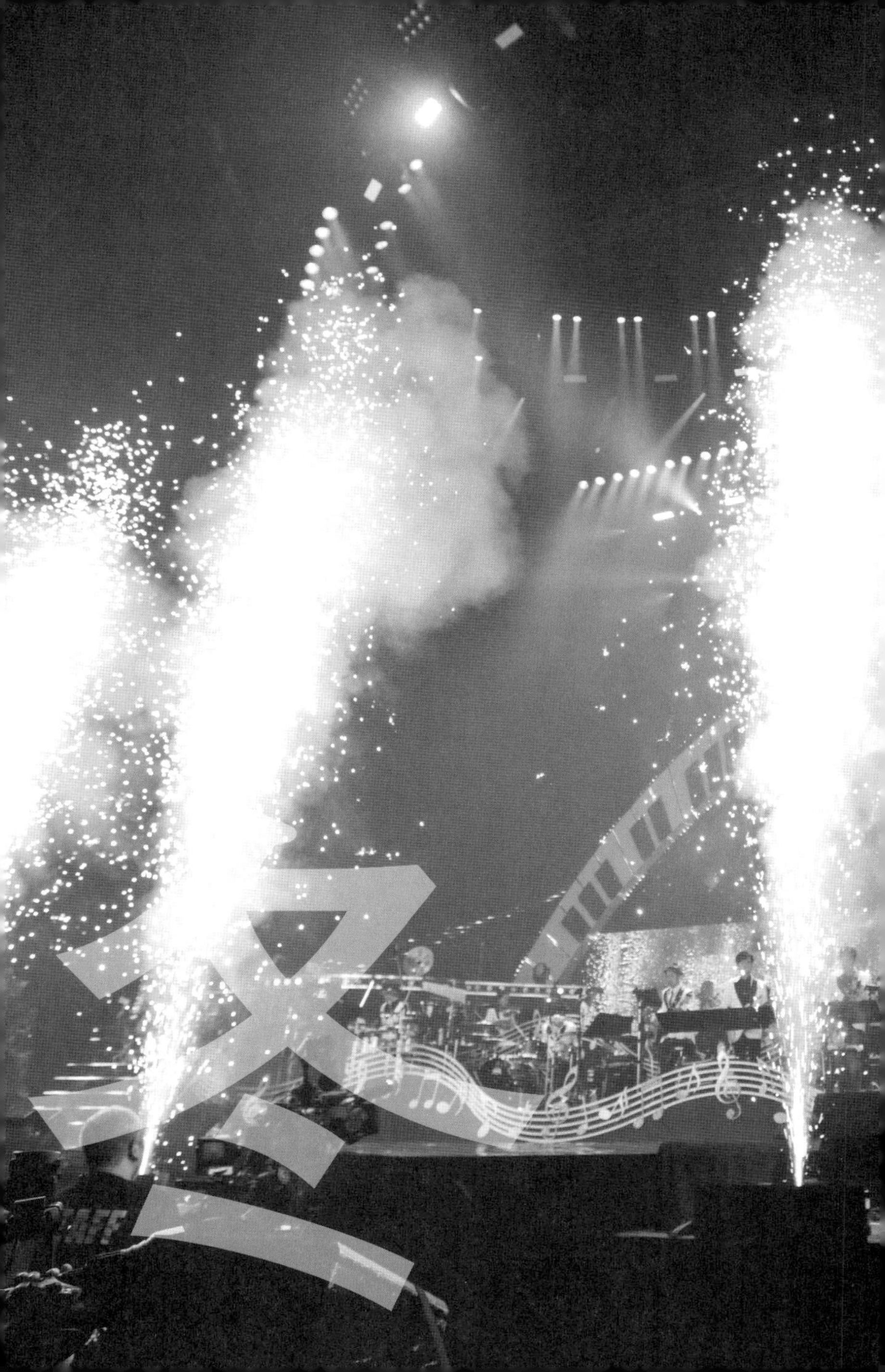
冬

『ももいろクリスマス』により季節感が記憶に刻まれそれが「年輪」となる

❄もっとも季節色が濃い「ももクリ」は付加価値つきまくり

前作『ももクロ非常識ビジネス学』では、ももいろクローバーZがいかに「非常識」なやり方（あくまでもアイドル業界における「非常識」であって、世間一般からすると、実は常識的なやり方だったりすることが多々ある）で新しい道を開拓してきたかについて書いてきた。しかし、いかに「非常識」な方法論を貫いてきたとはいえ、ひとつだけ、絶対に崩さないオーソドックスな部分があった。

それが「季節感」である。

まさにこの本のメインテーマでもあるのだが、これを大事にすることによって、まったくバラバラなことをやってきても、すべてが「春夏秋冬」で1本の「年輪」としてつながり、1年、また1年とファンの記憶の中に濃密に刻まれていく。

その中でも、「季節感」がもっとも色濃く出るのが毎年12月に開催される『ももいろクリスマス』である。

現在まで続く、春・夏・冬の3大コンサートの基盤は２０１１年に出来上がっているのだが、この『ももいろクリスマス』だけは２０１０年にスタートした。つまり、２０１９年で10回目を迎えるという、ももクロの歴史の中でもっとも古く、もっとも長く続いているコンサート、ということになる。

かなり早い段階から『ももクリ』の略称でモノノフに親しまれており、おそらく、1年でいちばん見たいコンサートは？ と問われたら、かなり多くのファンが「ももクリ！」と答えるはずである。

観客動員数ではスタジアムやドーム球場で開催する夏のコンサートには敵わないが、「今年もチケットが当たらなかった」というファンの悲鳴がもっとも多く聞かれるのは、この『ももクリ』である。

冬なので野外で開催するのは難しく（しかし、そんな「非常識」を平気でやってしまう、ももクロチームの暴走についてはのちほど詳しく説明する）、必然的に会場のキャパシティーは小さくなってしまう。

そこにたくさんの応募があれば、どうしても「落選祭り」になる。

春夏秋冬のゴールであり、1年間のラストを飾る大きなコンサートということもあって、付加価値がつきまくってしまうのだが、なんといっても10年間も続いている、という信頼のブランドはやっぱり強い。

アイドルに限らず、「同じタイトルのコンサートを1回も休むことなく、10年連続で開催する」というケースはそうそうはないはずである。

メンバーも「クリスマスなんだから、別にテーマとか理屈なんていらないよね」（玉井詩織）、「最終的には私たちがかわいい衣装を着て、みんなでハッピーになれれば、それでいい」（佐々木彩夏）と、クリスマスを楽しむことに重きを置いているコンサートではあるが、そこに毎年、違った味付けが施され、２０１８年には前述のようなコメントを発していた玉井詩織がエンディングで涙を流す、というシーンも見られた。「夏＝バカ騒ぎ」と同様に、「クリスマス＝楽しければそれでいい」という内容的な〝最低保証〟がついているだけに、そこに施された味付け次第では、より感動が大きくなり、心に残る名場面が生まれやすくもなる。

それを知っているからこそ、多くのファンが「行きたい！」と熱望し、それが10年間も繰り返されてきたのだ。

季節感を大事にしているももクロの〝冬の定番商品〟と言えるだろう。

最近では街もハロウィンが終わり、11月に突入すると、かなり早い段階からクリスマスモードに突入するが、11月には特に決まったイベントが用意されていないももクロもまた、ファンの頭の中はクリスマスのコンサートのことでいっぱいになる。こうして守られてきた「季節感」は、どんどん大きくなり、絶対に欠かせないイベントに育っていくのである。

［ももクロ春夏秋冬ビジネス学］36

ファンのみんなの大切な日を「預かる」というプロ意識

❄ たとえ平日であっても「聖夜」当日にこだわる

前述したように11月に入ると、街は一気にクリスマスモードへと突入する。それはアイドルのイベントも同じで、12月に入ってから開催するのであれば、もうイベントタイトルに「クリスマス」とつけても、なんの違和感もなければ、文句を言う観客もきっといないだろう。

だが『ももクリ』に関しては、可能な限り、クリスマスイヴ、もしくはクリスマス当日に開催されるよう、スケジュールが調整されている。

1回目の「ももクリ」がまさに12月24日に開催されており、それ以降、2016年までは基本的にクリスマスの開催となっている。2013年は会場の都合もあり、12月23日の開催となったが、平成の時代は12月23日が祝日となっていたため、ファンとしては、23日もコンサートに参加しやすい日取りであった。

2017年ははじめて、12月13日という早めの開催となった。「ももクリ」の聖地ともいうべき、さいたまスーパーアリーナ（2011年と2012年に開催）が、フィギュアスケートなどの開催のため、クリスマスに使用できず、2015年と2016年こそ別会場での開催となったが、この年は日付をスライドさせての「聖地凱旋《がいせん》」

という形をとった。

もっとも、その1週間後の12月20日には大阪城ホールで初の関西での『ももクリ』が開催されたため、極端に早い開催だった、という印象は薄れている。さらに、24日には全国69カ所の映画館で『ももいろクリスマス２０１７』の上映会イベントが開催された。ももクロのメンバーもメイン会場となるユナイテッドシネマ・アクアシティお台場に来場し、自分たちのコンサート映像を見て、大いに盛りあがった。そして、そのメンバーたちの姿を、全国のモノノフが映画館で鑑賞する、というどこまでもカオスな状況が聖夜に繰り広げられたのだった。

そうやって「当日」にこだわってきたことは、徐々にメンバーの心境にも大きな変化を与えている。

正直なところ、メンバーはどこかで「申し訳ない」と思っていた。

せっかくのクリスマスなのに『ももクリ』の会場に集《つど》っているお客さんは、この時点で家族サービスや、恋人とのデートを放棄していることになる（もちろんファミリーやカップルで来場している人たちもいるが……）。

1年に1度の大切な日を私たちに「預けて」いいんですか？　というコメントが初期の段階ではメンバーからよく聞かれた。

そこからすこしずつ、それだけ大切な日を「預かった」以上は責任を持ってお客さんを満足させなくてはいけない、というプロ意識が芽生えてくる。

「最高のコンサートをお届けすることが、自分たちから贈れる最高のクリスマスプレゼントである」と。

ここ数年、奇をてらった演出が見られなくなり、しっかりと歌を聞かせるコンサートに移行していっているのは、そういったメンバーの「プロ意識の向上」が大きく影響しているからだ。

２０１６年は12月23、24日の両日にわたって開催され、メンバーもモノノフもクリスマスの夜を満喫した。エンディングで高城れにがステージ上で涙を流したのは24日のことだった。

「明日も、モノノフさんと一緒にクリスマスを過ごしたかった。それが悔しい……」

こんなことを言ってもらえたら、ファン冥利に尽きるではないか。

それもあってか、２０１８年からは「当日開催」にふたたび戻った。２０１９年からは23日が祝日ではなくなり、クリスマスイヴもクリスマス当日も「ド平日」となってしまうのだが、当たり前のように「当日開催」が発表され、それをモノノフも当たり前のこととして受け止めている。

［ももクロ春夏秋冬ビジネス学］37

「非常識」と言われても冬の会場がないなら極寒の地でやればいい

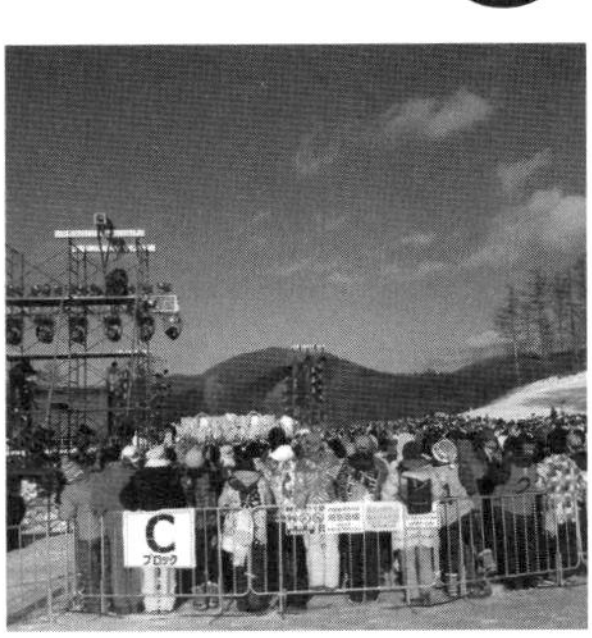

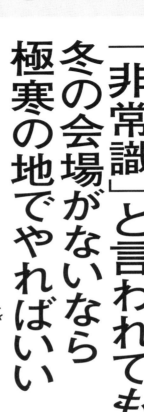

❄ 半野外で！　スキー場で！　非常識なコンサート

クリスマス当日にこだわると、いろいろと難しいことも生じてくる。それは「会場を押さえることができない問題」だ。

いろいろなアーティストやアイドルたちがクリスマスにコンサートをやりたいと考えているので、こればっかりは物理的にどうしようもないのだが、だからといって日程を大きくスライドさせるのではなく「じゃあ、空いている場所を使えばいい」と考えてしまうのが、ももクロチームなのである。

２０１３年は西武ドームで開催された。ドームとはいえ、屋根を上に乗せただけの西武ドームは「半野外」である。

当然、プロ野球シーズンはとっくに終わっているし、こんな時期にここで大型イベントをやろうと考える人なんていないから、当然、空いている。もっともオフシーズンはメンテナンスや改装のために貸し出さない期間もあるので、ラッキーではあったが、さすがにこの非常識すぎる決定にはモノノフからも「本気か？」「考えられない！」という不満が多く漏れ伝わってきた。

どう考えても寒くなるのだから、当然だろう。

それをわざわざ『美しき極寒の世界』というサブタイトルまでつけて、寒さを売りにしてしまうとは。

ももクロチームの「逆境力」……いやいや、これはやっぱり「非常識」である、としか言いようがない。

当日は予想通り寒かった。『美しき極寒の世界』というサブタイトル通りに極寒だった。最低気温こそ発表で4℃だったが、屋根のあいだから寒風がずっと吹きこんでくるので、体感温度は確実に氷点下！

正直、アンコールまでは「この環境はしんどすぎる」「さすがにこれは大失敗だ」と多くの観客が思っていたはずだ。

ところがアンコールにはサプライズとして、ももクロが大きな夢として掲げてきた国立競技場進出が電撃発表された。

しかも、メンバーがそれを知る数秒前に、その一報が大型ビジョンに流れ、モノノフからメンバーに伝える、という粋《いき》な演出。メンバーもモノノフも大号泣し、みんな寒さなど忘れてしまっていた。

のちにマネージャーの川上アキラは「どうしてもお客さんからメンバーに伝える、という演出にこだわりたかった」と語った。そのためにはできるだけ多くのファンを収容できる会場が必要で、真冬の西武ドームは「非常識」に見せかけた「必然」だった、ということになる。

裏を返せば、必然性がなければ、真冬に野外でやる必要はどこにもない。だから、こんなことは二度とないと思われていたのだが、2015年には、なんとスキー場での開催、という「極寒シリーズ第2弾」が敢行される。

会場が空いていなかったら、スキー場を使えばいい、という発想。とにかく広いので何万人でも収容できそうなものだが、音響的な問題もあり、コンサートとして最後列のお客さんにも音楽をお届けするには1日6000人が上限、という制約がついた。

それでは観覧希望者をとてもカバーしきれないので、この年のみ、23日から25日の3DAYSとし、3日間で約1万8000人を動員した。

これでも例年に比べて、規模感は小さくなるのだが、けっしてアクセスがいいとはいえないスキー場での開催、しかも確実に寒くなりますよ、という大前提までついた悪条件にもかかわらず、これだけのお客さんが全国から集まってくる。やはり「異例中の異例」である。

ももクロ春夏秋冬ビジネス学　38

「首都圏ばかり……」という不公平感に寄り添う抑えきれない気持ち

❋ さいたまから大阪城ホールにセットごと大移動！

数年前から『春の一大事』が全国各地で開催されるようになったが、それまではどうしても「大きなコンサートは首都圏ばかり」という傾向があった。

これはももクロに限ったことではない。

大きな会場で開催することを考えたら、大箱が多い首都圏が多くなってしまうのは仕方がないし、全国からファンが集まってくる、という事情も鑑《かんが》みると、交通アクセス的にも、「やはり首都圏で」となってしまうのはやむを得ない。

これにはメンバーや運営チームも心を痛めていた。

この章の最初に書いたように、やはりモノノフであれば、『ももクリ』はどうしても生で見てみたい、と熱望するコンサートのひとつ。全国ツアーや他のコンサートでいろいろな地域に行ってはいるものの、それとは違う付加価値がある。

47都道府県ツアーで全国を回ることで、地方から首都圏へと遠征してくるモノノフが辿《たど》っているルートの大変さを実感したメンバーたちの気持ちの中に、「一度も生で『ももクリ』を見られないモノノフさんがいるのはかわいそう」という想いが大きくなってきていた。

それまでも全国の映画館で生中継するライブビューイングなどを開催して、会場には行けないけれども、同日同時刻に体感できる場は設けてきたが（最近ではここまで大規模にライブビューイングを開催するアイドルも少なくなってしまった）、やはり生観戦に勝るものはない。

そこで2017年についに、はじめて大阪城ホールでも『ももクリ』が開催されることとなったのだ。

初の地方開催。しかも、平日とあって不安もあった。

「ファンが熱望している人気公演なのだから、そんな心配はいらないだろう」と思われるかもしれないが、前例のないことに踏み切るときは、常にリスクを慎重に考えなくてはいけない。

それに熱心なファンであれば、関西在住であろうと、1週間前にさいたまスーパーアリーナで開催された公演に「遠征」している可能性もある。けっして「超満員になって当たり前」と楽観視できるような状況ではなかった。

しかも、さいたまスーパーアリーナ公演とまるっきり同じ演出をお届けしなければ意味がないので（セットリストはさすがに一部、変更する）、セットはもちろん、客席を回るときに使う巨大なフロートまで、すべて大阪まで運ばなくてはならない。

「大阪でもやる」と言うのは簡単だが、かなりの手間ひまとスタッフの人数が必要となってくる。全国ツアーならまだしも、1回の公演のためだけ、となると予算も大変なものになる。

だから、もし興行的に失敗と判断されたら、大阪での公演はこの年のみで終わっていたに違いない。

しかし、2019年、「ももクリ」はふたたび大阪城ホールに戻ってきた。

前回はさいたまスーパーアリーナ公演を受けてのものだったが、今回は大阪城ホールが先。すべての演出が初見となるわけで、本広監督との対談でも触れてきた「ネタバレ問題」もすっきり解決することができるのだ。

じつはこの本も一般発売に先駆けて、『ももクリ』大阪城ホールの会場にて特別先行発売をさせていただいた。通常発売から半月近い「超」先行発売だ。

コンサートだけでなく、こういった本も「会場先行販売は首都圏ばかり」という不満が地方のファンにはあるはず。それを少しでも払拭《ふっしょく》できれば、と急きょ、制作スケジュールを2週間以上、前倒しして、大阪城ホールに間に合わせた。コンサートがはじまる前に、少しでも「お得感」を味わっていただければ……ももクロのファンを想う気持ちに、我々も寄り添えれば幸いだ。

［ももクロ春夏秋冬ビジネス学］39

呼ばれぬなら創ってしまえ「国民的番組」！

❄ そこには「昭和の大晦日」があった

かつて、ももクロは「紅白出場」を目標に掲げ、デビューから4年が経過した2012年にその夢を見事に叶えてみせた。

その後、3年連続で出場したが、2015年に落選。

それを受けて、ももクロ側では「紅白卒業」を早々に公表した。3年連続で出場してきたとはいえ、「たかがアイドルが卒業宣言など生意気だ、けしからん！」という批難の声があがり、モノノフからも「これは納得できない」という意見も多数出た。

これには、2011年に脱退した早見あかりと「いつか紅白の舞台で再会しよう」という約束を交わしていたことも関係した。

明確な出場基準が定められていない紅白への復帰を悶々《もんもん》として待ち続けるのは、いくらなんでも効率が悪いし、同じ場所で足踏みを続けていても仕方がない。

そこで得意の「逆転の発想」の登場、である。

それこそが大晦日の「ももクロ主催による歌合戦」の開催だ。それをBS、CS、そして地上波（地方U局）で同時中継し、ラジオでの生中継やネット配信もすることで外出している人もスマホなどで視聴できるようにした。

平成生まれの方にはなじみがないと思うが、これは『ゆく年くる年』を再現するためのネットワークである。

昭和の時代、大晦日の深夜から年越しにかけては、すべての民放が『ゆく年くる年』を同時放送していた。NHK以外はどのチャンネルをひねっても、まったく同じ番組がながれている、というのが昭和の大晦日の「常識」だった（番組自体は民放各局が毎年、持ち回りで制作を担当していた）。

このシステムは昭和63年の大晦日をもって終わっているので、平成には1回も放送されていない。現在、30歳以下の方は味わった経験すらないからピンと来ないのも当たり前なのだが、40代以上であれば、なつかしさを感じるだろう。

そんな『ゆく年くる年』のシステムを再現して、そこで「歌合戦」を生中継する。つまり、昭和の大晦日の大定番だった『紅白歌合戦』と『ゆく年くる年』を合体させた〝令和の新定番〟が、ももクロが主催する『ゆく桃くる桃』なのだ。

2015年に「紅白卒業」を宣言していなかったら、毎年11月中旬まで紅白当落の連絡を待たねばならず、ここまで大掛かりなイベントを準備し、開催することは不可能だった。紅白に出られないなら、新しい大晦日の〝定番イベント〟を自分たちで創ってしまえばいい。これまでも紅白落選を機に卒業する大物歌手も数々いたが、さすがにここまで大胆な発想をした人はいなかった。

初年度は11月から会場を探した。運よく会場が空いていたから開催できたが、下手したら、なにもできなかった。そこから猛スピードで準備を進めていったので、とりあえずは、ももクロのカウントダウンイベントとしての側面が強かった。

翌2016年以降はたっぷりと準備期間をとり、より大掛かりなイベントにしていく。2017年からはカウントダウンコンサートの前に『ももいろ歌合戦』を開催。かつて紅白で司会や大トリを務めてきた〝大晦日の顔〟がズラリと並ぶラインナップに、全世代が楽しめるような多彩なゲストを招いての一大エンターテインメントショーをくりひろげ、「紅白より紅白らしい」と称されるようになった。

紅白落選のダメージと卒業宣言による逆風を、すべてひっくり返してみせたのは、まさに「非常識」流の極みであり、けっして後ろに下がることをしない、ももクロならではのこと。紅白に出ないことで、1年間、大晦日に向けて、まるまる準備期間に使える、という考え方はもっと評価されてもいい。

たとえば、自分自身に決定権のない「チャンス」に振り回されているのなら、あえてそれに背を向けてみるという選択肢もある。ビジネスシーンのみならず、さまざまな局面で行き詰まっている人たちにとって、大きなヒントになるはずだ。

ももクロをここまで強くした「売れない時期」

❄ 異常に忙しい1週間も「幸福」な期間

毎年『ももクリ』から『ゆく桃くる桃』までの1週間はとんでもないハードスケジュールになってしまう。

クリスマスは多少、時期をズラすことができても、カウントダウンイベントは大晦日以外には開催できない。それこそ、年越しの瞬間にエビ反りジャンプを敢行する、というアクションを成功させるには、『行くぜっ！怪盗少女』を23時何分何秒きっかりにスタートさせなければいけない、という細かい縛りまで出てきてしまう。

しかも、「なるべくクリスマスも当日に」となってくると、このふたつのビッグイベントのスパンはちょうど1週間、ということになる。

ここまで書いてきたように、「ももクロの大きなコンサートは3カ月〜4カ月ほど期間を空けて行う」というのが定例になっている。それを考えたら、わずか1週間に2大イベントは相当ハードなスケジュールだ。

しかも『ゆく桃くる桃』ではホストという役割もある。

全体の司会進行をしながら、ゲストのみなさんと歌や踊りでコラボをする。新しく覚えなくてはいけないことが山ほどあるし、『ももいろ歌合戦』が終わったら、すぐに自分たちのカウントダウンコンサートがはじまる。そちらのレッスンやリハーサルも並行して行わなくてはいけないのだ。

実はそれだけではない。

２０１７年と２０１８年は、さだまさしさんが中継という形で出演した。

さださんは、同日同時刻に両国国技館で年越しライブを開催しているので、その会場からの中継という形でしか出演できないのだが、ももクロはそのお礼にカウントダウンコンサートが終わると、すぐにパシフィコ横浜から車に飛び乗り、そのまま両国国技館まで大移動。到着したらステージに直行し、さださんの年越しライブに特別出演しているのである。

ちなみに、さださんの年越しライブは毎年、ＮＨＫで生放送されているので、ももクロにとっての仕事はじめは「紅白歌合戦が終わった直後に放送される、ＮＨＫ年頭一発目の音楽番組」ということになる。紅白卒業からぐるっと一周まわって、こんなシャレた立ち回りができるようになったのだ。

ここまでが超多忙な１週間のワンセット。

もちろん12月26日から30日のあいだも、他の仕事をこなしながら、大晦日のイベントに向けてのリハーサルなども行うので、非常に忙しい。

メンバーも「この1週間だけ異常。もっと1年間、均等になるようにスケジュールをバラしてくれたらいいのに」と苦笑いするが、クリスマスと大晦日の日時だけは動かせないことを知っているから、そこは納得済みである。

あまりにも忙しいとファンからは「働かせすぎだ！」「かわいそうだから休ませてあげてくれ！」という批判の声が飛ぶが、それはいささかお門違《かどちが》いだ。

たしかにぶっ倒れてしまうほどのハードスケジュールだったら大問題だが、さすがにそこまでのレベルには達していない。

なによりメンバーは「ゆったりとしたスケジュール」より「多忙な日々」を望むはず。ここはサラリーマンと違うところで、芸能人にとって「暇＝人気減少」に直結してくる。どんなに売れっ子のタレントでも「あまり休みたくない」と言うのは、人気減少の危険性を嫌というほど知っているからだ。

ももクロの場合、デビューから数年は「売れていない時期」を体験している。あのころを思えば、どんなに忙しくても「幸福」である。ポーンと一夜にしてスターになってしまったタレントはこのギャップを知らないから一発屋で終わることが多い。スターになれずに消えていった人は幸福を味わえていないから不平不満だけが残る。

ふたつの「大変さ」を知るももクロは、だから強いのだ！

［ももクロ春夏秋冬ビジネス学］ 41

働くときはたっぷり働き 休みときにはしっかり休む 「進化系働き方改革」

❄ 休みはしっかりとって、オンとオフのメリハリを！

年末のラスト1週間の忙しさは、じつはももクロにとっては、かなりイレギュラーなケースにあたる。

もちろん、年に何度かはスケジュールがギュウギュウ詰めになるのだが、その代わり、さほど仕事が詰まっていない時期に関しては、メンバーがしっかりと休めるような態勢が整っている。

誰かがソロ活動で忙しいときには、たしかにグループでの活動は制限される。そんなときは無理に働かず、オフに充てることも間違ってはいない。そのあたりのメリハリが異常なまでに利いているのが、ももクロの特徴なのである。

なにかと「働き方改革」が叫ばれる昨今だが、前述したようにあまり休みをたくさんとってしまうと、芸能人という人気商売にとっては死活問題になりかねない。

そういう意味では「働くときはスケジュールを詰めこむけど、休むときはしっかり休む」というももクロ方式は、人気商売における「進化系働き方改革」といえるのかもしれない。じつに「ホワイト企業」なのである。

最年長の高城れにはこう語る。

「昔はせっかくの休みなんだから出かけないと損だ、と思っていたけれど、何年か前からは翌日の仕事に備えて、コンディションを整えることを優先するようになった。26歳になった今では、家族と近所を散歩しながら、公園とかに広がる自然の景色を眺めながら『あぁ、私って幸せだなぁ〜』ってしみじみ感じるようになったんですよ。年齢を重ねたからなのかな、とも思ったけれど、きっと仕事でいっぱいいっぱいになることが減って、お休みの日は心からゆっくり休めるようになったんだよね。忙しいけど、お休みもちゃんとあるって、本当に贅沢なことだと思う」

彼女の中では、無意識のうちにオンとオフの切り替えができるようになっていて、それが心地よい「メリハリ」につながっている。なんとも理想的な労働環境だ。

多忙なももクロが、こうやってまとまった休みをとることができるのも「春夏秋冬」で1年間の仕事がレイアウトされているから、である。

まだ「冬の章」は半分しか進んでいないのだが、大きなコンサートは基本的に4月の『春の一大事』まではない。

この本のスタートが1月ではなく、あえて「春」(4月)からスタートしているのは、つまりはそういうことだ。『春の一大事』で幕を開けて、『ゆく桃くる桃』で年をまたぐまでが、ざっくりとした年間スケジュールであり、まさに「春夏秋冬」という形で語るのが、もっともしっくりくるのだ。

2019年は、なんと1月にライブが1本もなかった。月末に台湾と上海で海外公演は行ったものの、国内でのコンサートはまったくなし。さすがにここまで極端な例はほとんどないが、ファンも年明けのスロースターターぶりをよく知っているから、そこまで不満の声は出ない。この信頼関係もなかなかのものだ。

基本的に年明け一発目の大きなイベントは、2月に開催される「バレンタインイベント」ということになる。

ここ数年は横浜アリーナでの2DAYS、というのが定番になってきているが、じつはこのイベント、ももクロの純然たるコンサートではない。

なんと、これはラジオの公開収録なのである。

公開収録イベント自体は珍しいものではないが、さすがに1万人を超える観客を収容できる大箱で、しかも2日間という規模感は特筆モノである。

このイベントのスケジュールは1年前に発表される（イベント中に翌年の日程と場所をアナウンス）。ちゃんと「先」が見えているから、どんなに1月がスローペースでも、ファンは安心して待つことができるのだ。

［ももクロ春夏秋冬ビジネス学］42

SNS時代でもファンとのあいだに「共犯関係」が成立する

❄ 仕掛けたサプライズが「プロミスの奇跡」を生む

2019年のバレンタインイベントは、イベント全体がサプライズになるような大仕掛けが隠されていた。

それは「イベント中に映画の撮影用カメラが入り、ライブのワンシーンがそのまま映画に使われます」という仕掛けだ。客席も映るので、「今日のお客さんは自動的にスクリーンデビュー」することになります、という煽りのあと、役者としての心得などがアナウンスされ、いざ映画の撮影スタートとなった。

そこまで、どんな映画なのか具体的な説明はなかったので、ほとんどの観客は「映画といっても、そんな大作ではないんだろうし……」とタカを括っていた。

ところが、である。

映画の出演陣として紹介された顔ぶれがすごかった。

吉永小百合。天海祐希。ムロツヨシ——

この御三方が「観客役」として、どこかの席に座るので、周りにいるお客さんは、カメラを意識せずに、いつもとおりにコンサートを楽しんでください、という究極の「演技指導」が入る。

そうは言われても、登場した俳優陣があまりにも大物すぎて、観客は固まるしかない。「本当に大丈夫なのか?」と思ってしまったが、それを大丈夫にしてしまうのが、モノノフの凄まじさであり、ほとんどNGナシで壮大な撮影は完了した。

さて、本題はここからである。

ある程度、撮影が進んだところで、映画のスタッフから、会場に次のような注意事項が伝えられる。

「実はまだ、この映画の情報は解禁になっていません。ですので、解禁日が来るまで、どうか今日の撮影のことはご内密にお願いいたします」

つまり、SNSなどで拡散しないでほしい、というのだ。

事前にこういうことがある、と説明があって、エキストラの一員として撮影に参加しているのであれば、契約が成立しているのでそうした「守秘義務」はしっかり守られて然《しか》るべきである。だが、これはあくまでも、いま、急に言われたことである。

しかも、ここには1万人を超える人がいる。

そして、ファンクラブイベントならまだしも、ラジオの公開収録なので、そこまでコアなファン層だけで客席が埋め尽くされているというわけでもない。常識的に考えたら、多少の情報漏えいは覚悟するシチュエーションだ。

ところがほとんどといっていいほど、この秘密は守られた。

スタッフからの注意がある前に舞い上がってつぶやいてしまった人が数人いただけで、アナウンスがあったあとはまったくの情報漏えいゼロ！

これにはスタッフも俳優陣も、「こんなことって本当に可能なんだ！」とびっくりしたという後日談がある。

メンバーの協力も効いた。百田夏菜子が「今日、ここであったことは、私たちとみんなの『プロミス』ですよ」というキラーワードを発したことで、つぶやきたくて仕方がない人たちは「プロミス」という言葉に置き換えて、なにがあったのかがまったくわからない形でつぶやいた。

現場にいたファンは「今日の『プロミス』すごかったね！」と興奮を共有できるし、会場に来られなかった人たちは「？」となるだけ。

百田夏菜子がなにげなく口にした台本にもなかったキーワードが1万人以上の「目撃者」がいたにもかかわらず、いっさい、その情報が洩れずに秘密が守られる、というミラクルを生みだしたのである。

いや、大げさでなくSNS時代にこの現象は奇跡だ。

アイドルとファンの究極の「共犯関係」がももクロの現場には存在する。

［ももクロ春夏秋冬ビジネス学］43

「ももクロのライブにハズレなし」行かなかったことを激しく後悔させる非常識手法

❄ パスしていいライブなど存在しない

前項で書いた〝プロミス騒動〟は、会場に行けなかったファンに歯ぎしりをさせる結果にもなった。

数日間、多くの人たちが「プロミス」という暗号で楽しんでいる姿を、その内容がわからないがゆえに、やきもきしながら見ている人もいただろう。そういう人たちから「秘密にしてないで教えてくれよ！」とつつかれても、絶対に折れないモノノフの口の堅さは尊敬に値する。

もっとも、この件は突発的なものであり、主催もスターダストプロモーションではなく、あくまでもニッポン放送だから〝特例〟と言ってもいいだろう。

ただ「あぁ、行っておけばよかった！」と思わせることは、コンサートの動員を高レベルでキープさせるためには、とても重要なのである。

アイドルを好きになって、ファンになりたてのころは「1回でも多くのステージを見たい！」という熱量がとんでもないことになっているから、みんな、どれだけ無理をしても足を運ぼうとする。それこそ地方公演への遠征も辞さないほど、熱心に飛び回るケースが多い。

ただ、その熱も落ち着いてくると、だんだんコンサートに行く回数も減ってくる。単純にお金もかかるし、遠征しようとなったら有給休暇も申請しなくてはならない。なにかと手間と時間がかかってしまうので、そうなっていくのは至極当たり前の自然現象なのである。そして、それまで足しげく通っていた人が一旦、ペースを落とすと、なかなか元には戻ってはくれない。

年に10回見に来てくれた人が、それを5回に減らしたら、そこからまた回数を増やしていくケースは稀で、さらに減っていくパターンのほうが多い。

そこで大事になってくるのが「あぁ、行っておけばよかった！」と行かなかったことを激しく後悔させるステージを展開すること、である。

とはいえ、ものすごい仕掛けをする必要はない。そこまでやってしまうと、逆に早く飽きられてしまう遠因になりかねないからだ。

たとえば、何年もやっていなかった楽曲をセットリストにポーンと放りこむ、とか、そういったレベルのことで構わないので、会場に来たお客さんが「おーっ！　これを見られただけで来た価値があったよ」と感激し、行くことができたのに、ぼんやりとパスしてしまった人たちに「あーっ、なんで行かなかったんだ！」と激しく後悔させる。この繰り返しは本当に大切だ。

発売と同時に即日完売になってしまうようなコンサートで、この傾向を強くしてしまうと、さすがに落選組が気の毒になるが、そこまで大きくないライブ、いわゆるマニア層が「これは行かなくてもいいか」とノーマークにしている公演でこそ、こういうことをやる。それが〝次〟につながってくるのだ。

長く活動を続けていくと、当たり前のことだが、新規ファンが大量に流入してくるきっかけは年々、減ってきてしまう。

だから、いかにリピーターを増やし、その数をキープしつづけるのかがビジネス戦略上は重要になってくる。ももクロの場合、そこまで徹底的に戦略を練ったわけでもなく、ただ単純に「お客さんを喜ばせよう、驚かせよう」というサービス精神がそうさせてくれたのだ。

結果、かなり早い段階から「ももクロのライブにハズレなし」という評価が定着し、モノノフのあいだで「ももクロに『行かなくていいライブ』など存在しない」と言わせるまでになった。

この認識が広まることで、会場に行くペースが落ちている人たちも「しまった、行けばよかった。いや、次は行こう！」となり、リピーターに戻ってこられる。これが動員力キープの理由のひとつなのである。

［ももクロ春夏秋冬ビジネス学］44

モノノフではない担当編集が腰を抜かすほど驚いたモノノフの「自制心」

ももクロに迷惑がかかることを絶対にしてはいけない

この本の担当者はいわゆるモノノフではない。

だからこそ会場での物販で、ももクロのコンサート会場を訪れるたびに、新鮮な感動や驚きを覚え、「なんでモノノフのみなさんはあんなに礼儀正しいんですか？」などと具体的に聞いてくる。と同時に編集者として鼻が利くので「それ、次の本に書きましょう」とネタ出しまでしてくれるから、こちらとしてもありがたい。

２０１８年の『ももいろクリスマス』では、さいたまスーパーアリーナで朝から晩まで物販に立ち会ってくれたのだが、その光景にまず驚愕《きょうがく》したという。

基本的に物販会場はコンサートを行うアリーナに隣接しているサブ会場で行われるので、いざコンサートが始まったら、サーッと人の波がはけて、一旦、ガランとした空間になる。

「普通、あれだけたくさんの人が出入りしていたら、少なからず会場は汚れますよ。グッズだけでなく、飲食のブースもたくさん出ているので、ゴミだって出やすい状況下にある。それなのにまったくゴミが落ちていないんですよ。これはほかのイベント会場ではちょっと考えられないことです」

僕はコンサートが始まるころには、すでに会場に入ってしまうので、物販コーナーがそのあと、どうなってしまうのか、というところまでは自分の目で確認したことがなかった。もちろん、モノノフのマナーの良さは耳に入ってはきているけれども、これまで数々の大規模イベントに立ち会ってきた担当編集が、ここまで目を丸くする、というのは、やはり普通のレベルではない。

さらに帰路でも衝撃をおぼえた、という。

「普通、コンサートが終わったあとは、みんな高揚しているから、いろいろと乱れがちじゃないですか？　特に最寄りのさいたま新都心駅は改札口がひとつしかないし、そこに1万人以上がいっぺんに殺到するわけで、ちょっとしたパニック状態にならないほうがおかしいんですよ。でも、まったくパニックになっていなかったんです。あれだけの人数がひとつの改札に集まっているのに、グチャグチャになってしまわないどころか、モノノフではない一般の人が通ると『どうぞ』と言いながら、自動改札への道まで空けてあげている。これには驚きを通りこして、感動すら覚えました！」

ゴミが落ちていない。

周辺に迷惑をかけない。

これらの事象は、モノノフが「ももクロに迷惑がかかるようなことをしてはいけない」という自制心を持っているからこそ実現するもの、である。

そのスイッチが入るのが、身に着けているグッズだ。

モノノフは会場に向かう際も、会場から帰宅する際もライブのTシャツなどで移動する人が極めて多い。他のアイドルの現場では「そういうTシャツは会場の中で着るもの」として、会場で新しいグッズを買って、帰りにはその上から普段着を羽織ったりして、アイドルグッズが見えないようにする、というのがひとつの常識というか、礼儀として存在しているケースが多い。

僕も学生時代からそういう環境で育ってきているので、モノノフがライブグッズで街を闊歩《かっぽ》する姿にはいささか抵抗があった。

特にももクロのグッズは色が鮮やかだから、街では目立つ。その服を着て、もし信号無視をしたり、酔っぱらって道で暴れたりしたら、街を歩く人たちから「ももクロのファンが迷惑をかけている」と映ってしまいかねない。

ただ、担当編集が目撃したのは、それとは正反対の光景だった。グッズで全身を着飾ることによって「この姿でなにかやらかしたら、ももクロに迷惑がかかる」とブレーキがかかるのかもしれない。そうだとすれば、4色で彩られた会場周辺はつねに平和で穏やかになるのもうなずける。

［ももクロ春夏秋冬ビジネス学］45

ももクロに印税が「還流」されない転売サイトでは限定本でも売れ残る

❄ 本の表紙に「オフィシャルブック」と銘打つ意味

僕がももクロに関する本を出すときは、基本、表紙に「スターダストプロモーションオフィシャルブック」と刻むようにしている。

なぜなら、そこを気にするモノノフが多いからだ。

オフィシャルブックと銘打てるのは、「しっかりと事務所と契約書を交わし、印税もお支払いしていますよ」という証《あかし》にもなる。売れたら売れただけ、印税が支払われ、間接的にではあるが、ももクロに〝還流〟される。

もちろん、本の売り上げなど微々たるものなので、きっと、ももクロが食べるであろうお弁当に、ちょっとしたおかずが一品加わるぐらいの影響しかないのだろうが、それだけでもモノノフは安心してくれる。

以前、諸事情により「非公式本」と銘打ったももクロの本を出したことがある。プロモーション的にも、そういう打ち出し方をしたほうが面白いのではないか、という話になり、表紙にもドーンと「非公式本」の文字が躍った。

すると、イベントなどで物販しても、これがびっくりするほど売れないのだ。非公式本なら、ももクロには1円も入らない。「そんなものは買っても仕方がない」というモノノフのクールな判断である。

あるとき、トークショーでその話になり「あくまでネタとして『非公式本』と言っているだけで、実際にはちゃんと契約しているし、売れた分だけ印税が入る仕組みになってますよ」とネタあかしをしたことがあった。

すると、どうだ。さっきまで売れずに山積みになっていた本が、次の休憩時間では飛ぶように売れ、アッというまに完売してしまったのだ。

どこまでも律儀というか「ももクロが得をするなら」という心意気でモノノフが動いていることを再認識した瞬間である。

担当編集も売店に立っていて「表紙にオフィシャルブックと書いてあるから買うんだよ」と言われたことが何度もある、と言う。そのときはそこまで言葉の意味がわからなかったようだが、いま書いたようなことを説明すると「なるほど！　そういうことですか！」と納得してくれた。

ワニブックスの担当編集はさらに語る。

「すごく疑問に残ることがもうひとつあったんですよ。毎回、会場で物販するときは来場した記念になるように、会場限定のカバーを特典としてつけるじゃないですか。あれはお客さんに喜んでもらえる反面、一般には流通しないレアなものになるので、ネットオークションやフリーマーケットに大量に出品されるんですよ。実際、他のタレントさんからは『あれはどうにかならないのか？』とクレームを受けるぐらい、売ったその日から転売されているんですが、ももクロの本では、あまりそういうことがないんですよね。たまに出品されていても、落札されないケースも多いんです。つまり、モノノフのみなさんはそういうものは買わない、という習慣がついている。なぜなんだろう、と思っていたんですけど、たしかに高い値段で購入したとしても、そのお金は1円も、ももクロさんには還流されませんもんね。激しく納得できました！」

前述したように本は単価も安いので、「印税をお支払いする」といっても、その額はたかがしれている。

むしろ、僕としては、今回のようなちょっと切り口の変わった本を出版することで、普段はももクロを見ないような層に活動内容を知ってもらい、それをきっかけにして、新たに興味を持ってもらえることが自分なりの「還流」方法なのかな、と思っている。前作が増刷されるくらい売れたことで、この本を出すことができたわけで、これが売れれば、次回作にもつながる。

そのサイクルがずっと続いていくのが理想だし、本のラストに来ても、まだまだネタはふんだんに残っているのである！

［ももクロ春夏秋冬ビジネス学］46

いつだって等身大の百田夏菜子が熱く語った「モノノフ愛」

❋ ウソ偽りなくメンバーはファンを信頼している

この本の執筆と並行して『ももいろクリスマス２０１９』の会場で販売される公式パンフレット用に掲載されるインタビュー取材をしていたのだが、今年は例年以上にメンバーが熱く語り、ページが足りなくなるほどだった。

年齢を重ね、キャリアも重ね、もうこれ以上、のびしろがなくなってもおかしくない状況なのに、毎年「ミュージカル」「明治座での座長公演」「バンドを帯同して毎週フェスに参戦」といった未知なる経験をすることで、どんどん才能が引き出され、新たな可能性が拓《ひら》けてくる。

そういったことがデビュー10周年を超えても、毎年繰り返され、それがしっかりと形になっているのは驚異的なことだ。

ただ、メンバーはそうは感じていない。

新たな機会を与えてくれるマネジメント、それに協力してくれるスタッフ、そして、どこまでもついてきてくれるモノノフの存在があってこそ、自分たちはいまだに大きなステージに立ち続けることができる、という認識でいる。だから、いつまで経っても謙虚だし、純真なままでいられる。

たまに他のタレントさんの撮影に立ち会って、びっくりするのが、周りのスタッフが「綺麗！」「かわいい！」「素敵！」と終始、持ち上げること。もちろん、そうやって気持ちよくさせることで、よりよい写真が撮れるという一面はあるのだが、それを現場全体が「当たり前のこと」として受け入れる空気がなんとも苦手だ。

ももクロの現場でそんなことを言ったら「茶化さないで！」「ふざけないで！」とメンバーから釘を刺され、最終的には真顔で「ねぇ、本当にそう思ってる？　思ってないよね！」と言われてしまう。よく「ももクロは『謙虚キャラ』だね」と言われるが、あれはキャラではなく、本当に謙虚なだけ、なのだ。

それは今書いたように、周りのスタッフが過剰に褒めあげるような環境を作ってこなかったので、リアルに「褒められ慣れていない」ということもあるし、等身大の自分を客観的に見ることができるように育てられてきたからだ（いささか自己評価が過少すぎる傾向も強いのだが……）。

きっと、この姿勢は今後も変わらないだろう。

10年以上キャリアを重ね、紅白に出て、旧・国立競技場のステージに立って、ドームツアーまで経験しても変わらないのだから、もう変わりようがない。

先ほど触れたように「売れない時期」を体験してきた強さ、そして「褒められない環境」を昔から味わってきたことは大きい。これぱっかりはこの先、追体験することが難しいからだ。

なかなか芽が出ない期間をいかに耐え、そこで得たものを成功に変えていく、という術はアイドルに限らず、どの業種でも絶対に役に立つ。問題は成功させるのが極めて難しい、ということ。そこには運やタイミングといった要素も複合的に絡んでくるのだが、彼女たちはそれらを逃すことなく捕まえてきた。

運も実力のうち、なのだ。

２０１９年秋のフェス行脚《あんぎゃ》が成功したことを百田夏菜子と話していると、彼女は即座に「あれはモノノフさんのおかげですよ」と言い切った。

「はじめてフェスで私たちを見たお客さんから、『ももクロってすごいね』って言われるんですけど、それって絶対にモノノフさんの熱狂的な応援もセットで評価されているんですよ。ペンライトを振って、声援を送ってくれる。あの迫力に私たちは助けられているし、私たちだけがステージに立って、同じようなパフォーマンスをしたとしたら、きっと評価は変わってくると思う。モノノフさん、ありがとう」

ファンが目の前にいるわけでもないのに、こういう言葉がスーッと出てくる。このファンへの信頼感は、最強の武器である。

［ももクロ春夏秋冬ビジネス学］47

心から出て
心に染みて
心に残る「言葉」たち

❄ 2018年〜2019年『ももクロ名言抄』

ももクロのコンサートのMCには台本がない。

一応、台本上はメンバーがトークする箇所の指定はあるものの、基本的に白紙になっている。特にエンディングでの挨拶は、時間を気にすることなく、自由に思ったことをしゃべるように、とだけ伝えられた完全なフリートークになっている。

そんなところから生まれた「心に残る言葉」について綴って、本書の締めとした。台本なしでこれだけの言葉を紡げる人間、なかなかいないと思うのだ。

『みんなー！　勘違いさせてくれてありがとう！』（佐々木彩夏）

横浜アリーナでのソロコンサートのエンディングでステージから言い放ったひとこと。超満員の観衆で埋め尽くされた光景は、勘違いでも間違いでもなく、事実である。ただ、佐々木彩夏は「これは私がももクロのメンバーだからこそ実現していることで、けっして私ひとりの力ではない」と認識している。それでもショーのあいだは、お客さんの歓声に酔いしれ、勘違いしてしまう勢いでパフォーマンスしているが、ショーが終わった瞬間に、自分を戒めるかのようにこの言葉を口にした。彼女がこの気持ちを失わない限り、ももクロはいい意味で変わらないのだと思う。

「アイドル地獄に生き埋めにしてあげる」（百田夏菜子）

5月に令和初のステージとして、『JAPAN JAM』というフェスに出演したときに、普段はアイドルを聴かなそうな客層に向けて言い放った名言。いままでだったら、こういう突飛なセリフはマネージャーの川上アキラが考え、メンバーに言わせていたのだが、このときは「とにかく煽《あお》ってくれ」という指示だけ受けて、百田夏菜子がひとりで言葉を捻り出している。特段、目新しいワードはないのだが「アイドル」「地獄」「生き埋め」を重ねるセンス！　そして、実際に生き埋めになってしまった新規ファンがこの日、大量に生まれたのである。

『それでもももクロらしく歌って、なにかをお届けしたいと思っています』（玉井詩織）

2018年の『ももいろクリスマス』は歌を聴かせる、歌を届ける、というテーマがあったのだが、2DAYS公演ということもあり、玉井詩織の声はかれてしまった。その悔しさを、自身の歌に対するコンプレックスを吐露しながら彼女は泣いた。だから、この言葉のポイントは冒頭の「それでも」にある。自分の弱さをステージ上でさらけだした玉井詩織は「それでも」自分なりに前に進むことを宣言した。自分の弱さを知っている人間は強い。それをさらけだせる人間はもっと強い。

『10年後、ももクロの20周年も一緒に迎えてくれますか？』（高城れに）

自身のソロコンサートのエンディングで思わず口にしてしまった、という計算ゼロの超本音発言。超満員の客席を見ていたら、つい、こんな約束をしたくなってしまったのだという。その客席ではプライベートでメンバー3人も観覧しており、ファンだけでなく、メンバーとも10年後の約束を交わしたことになる。突然の発言にびっくりしたメンバーは、「私たちは同意していないから、れにちゃんひとりでがんばって」と笑ったが、全員の脳裏に「10年後」「20周年」という意識は強烈に刻まれた。

10年でも長い、と言われるアイドル人生。ももクロは、そこにさらに10年を上積みしようとしている。いまから見はじめても、あと10年も応援できるアイドルなんて、そうそういない。いや、内心で長く続けたいと思っていても、みんな、それを口に出さない。ももクロとはどこまでもバカ正直で、それを現実のものに変える力を持ったグループなのだ。

おわりに〜やっぱりももクロの「非常識」は最高に楽しい！

この本を最初から最後まで通して読んでいただくと、ももクロのライブを通じての1年間の動きと流れが追体験できたかと思う（あくまでも「ライブを通じての」である。もちろん、テレビやラジオなどの仕事がその間にも無数に存在している）。

春夏秋冬。

これは日本だけの1年単位の流れであって、さらに冬の次には新たな春へとつながっていく。季節の変わり目ごとに笑顔はバトンタッチされ、ここ数年は、年の変わり目のカウントダウンイベントにおいても、ハッキリと目に見える形で笑顔のまま、新しい年を迎えるようになった。もはや年またぎのエビ反りジャンプは、モノノフにとって欠かすことのできない〝縁起物〟となった。

春夏秋冬春夏秋冬春夏秋冬……。

そんな「笑顔の連鎖」がもう10年以上も続いている。軸となる四季と連動したビッグイベントは変わらぬまま、そこに新しい試みがどんどん加わっていくから、連鎖が続けば続くほど、笑顔のスケールはどんどん大きくなっていく。本書を通じて、それが少しでも伝わってくれれば幸いだ。

本来であれば、本広克行監督との対談は巻末に掲載すべきなのだろうが、そうしてしまうと、春夏秋冬が1回で途切れて、次の春への連携が伝わりにくくなってしまう。そこで監督が携わったミュージカルや明治座公演のエピソードを受ける形で、あえて「秋の章」のうしろに挿入した。本を作っていても、春夏秋冬を1回で途切れさせることに違和感をおぼえてしまうぐらい、大きく年と季節をまたいだ彼女たちの活動は、日本の四季としっかりフィットしているのだ。

彼女たちの根本的な部分はあらかた前作の『ももクロ非常識ビジネス学』に書いたので、そちらも併読していただけると、より本書の内容はわかりやすくなると思う。そして、こうやって2冊の本を書き上げても、まだまだ積み残してしまったネタが山ほどある、という現実。２０１９年だけでも、新たに遭遇した「非常識ビジネス」がいくつもあった。今回の締め切りにはギリギリ間に合わなかったが、２０１９年の11月に入ってからも「こんなやり方があるのか！」と、いい意味で絶句させられる出来事がふたつもあった。たぶん、それは２０２０年につながってくるので、また機会があれば詳細に書き残しておきたいと思う。

さて「はじめに」で書いたように、当初、この本のカバーと巻頭のカラーページはメンバーの撮り下ろし写真で構成する予定になっていたのだが、急きょ、撮影スケジュールが飛んでしまい、別日にズラしてしまったら発売日に間に合わなくなるため、プラン変更を余儀なくされた。

そこで僕たちがチョイスしたのは、本書の内容に合わせて、春夏秋冬のライブ写真からメンバーの「笑顔」を抜き出して、それを帯に並べること（ちゃんとメンバーの並びと春夏秋冬の写真順はリンクしている）。巻頭カラーもメンバーをクローズアップするのではなく、季節感がわかるような写真を並べてみた。あのページを見るだけで、同じグループが1年間でこんなにも会場の表情が変わるコンサートをやっている、ということは一目瞭然。ももクロを知らない人たちは、あの4枚の写真だけでちょっとしたカルチャーショックを受けるのではないか？

しかし、ちょっとした懸念材料が残った。

ライブ写真自体は素晴らしいカットばかりだが、単純に組み合わせて作ったカバーからは、なんとなく「非公式本」のイメージが漂ってしまうのだ。それだけはなんとしても避けたい（その理由については224ページからくわしく書いた）。ただ、手元にはライブ写真しかない。さて、この苦境、どうすればいいのか？

考えに考えた末、表紙のタイトルの『春夏秋冬』の部分をメンバーに書いてもらうことにした。メンバー直筆はオフィシャルブックの証にもなるからだ。

こういう場合、色紙をマネージャーに預けて、指定日までに書いてもらうケースが多いのだが、ちゃんと本の内容と趣旨をメンバーにも伝えたいし、彼女たちの〝現場力〟を信じているので、取材の合間に目の前で書いてもらうことにした。

トップバッターは高城れに。しっかりとした「冬」と、ちょっと遊び心のある「冬」を書いてもらい、他のメンバーはそれをお手本にして題字を書いていく。

そうしていくうちにどんどん遊び心のある文字はポップな感じになっていったが、その様子を見ていた高城れには「すいません、書きなおさせてください」と直訴してきた。もう取材も終わって、リラックスタイムに入っていたのに、わざわざ仕事モードに戻す。他のメンバーの文字を見て「これだと私の書いた冬ではバランスが悪いし、インパクトに欠ける」と感じたのだろう。そのプロ意識には担当編集も「涙が出そうになった」と感動しきりだった。おかげで最高の表紙が出来上がった。本を閉じる際、このエピソードを思い出しながら、今一度、その「味」を堪能していただきたい。やっぱり「非常識」って最高に面白い！

令和元年12月吉日　小島和宏

ももクロ春夏秋冬ビジネス学
笑顔の連鎖が止まらない至福の哲学

著者　小島和宏（こじま かずひろ）

2020年1月10日　初版発行

題字　ももいろクローバーZ
写真　塚田 亮平／野見山 明子
装丁　森田直／積田野麦（FROG KING STUDIO）
校正　玄冬書林
構成　菅野徹
編集　岩尾雅彦、中野賢也（ワニブックス）

発行者　横内正昭
編集人　青柳有紀

発行所　株式会社ワニブックス
〒150-8482
東京都渋谷区恵比寿4-4-9えびす大黒ビル
電話　03-5449-2711（代表）
03-5449-2716（編集部）
ワニブックスHP　http://www.wani.co.jp/
WANI BOOKOUT　http://www.wanibookout.com/

印刷所　株式会社 美松堂
DTP　株式会社 三協美術
製本所　ナショナル製本

ISBN 978-4-8470-9868-0